本书为河南省科技厅 2022 年科技攻关计划的研究成果，课题编号：222102320115，
课题名称：基于大数据开发和机器学习算法的智慧旅游技术研发

智慧旅游技术研究

董 淼 蒋纬昌 著

燕山大学出版社
·秦皇岛·

图书在版编目（CIP）数据

智慧旅游技术研究 / 董淼，蒋纬昌著. -- 秦皇岛：燕山大学出版社，2025.4. -- ISBN 978-7-5761-0832-3

Ⅰ. F590.3-39

中国国家版本馆 CIP 数据核字第 2025XN5373 号

智慧旅游技术研究
ZHIHUI LÜYOU JISHU YANJIU

董 淼 蒋纬昌 著

出 版 人：陈 玉			
责任编辑：刘馨泽		策划编辑：刘韦希	
责任印制：吴 波		封面设计：刘韦希	
出版发行：燕山大学出版社		电　　话：0335-8387555	
地　　址：河北省秦皇岛市河北大街西段 438 号		邮政编码：066004	
印　　刷：涿州市般润文化传播有限公司		经　　销：全国新华书店	
开　　本：710 mm×1000 mm　1/16		印　　张：9.5	
版　　次：2025 年 4 月第 1 版		印　　次：2025 年 4 月第 1 次印刷	
书　　号：ISBN 978-7-5761-0832-3		字　　数：140 千字	
定　　价：48.00 元			

版权所有　侵权必究

如发生印刷、装订质量问题，读者可与出版社联系调换

联系电话：0335-8387718

目　录

第 1 章　智慧旅游的提出和发展 ································· 1

 1.1　智慧旅游 1.0 时代 ·································· 2

 1.2　智慧旅游 2.0 时代 ·································· 2

 1.3　智慧旅游 3.0 时代 ·································· 3

 1.4　与智慧旅游相关的概念 ····························· 3

 1.5　智慧旅游和智慧城市的关系 ························· 5

第 2 章　智慧旅游关键技术及其应用 ························· 7

 2.1　智慧旅游关键技术 ································· 7

 2.2　机器学习在智慧旅游中的应用 ······················· 9

 2.3　大数据技术在智慧旅游中的应用 ···················· 22

第 3 章　编程语言与开发环境 ······························ 31

 3.1　搭建编程环境 ···································· 31

 3.2　对象、矩阵与矢量化编程 ·························· 40

 3.3　机器学习的数学基础 ······························ 48

 3.4　数据处理和可视化 ································ 56

第4章 机器学习在智慧旅游中的实践 …… 69
4.1 分类 …… 69
4.2 聚类 …… 81
4.3 回归 …… 89

第5章 大数据在智慧旅游中的实践 …… 97
5.1 大数据概述 …… 97
5.2 旅游大数据分析平台 …… 104
5.3 旅游大数据挖掘 …… 106

第6章 智慧旅游与智慧旅游服务 …… 109
6.1 国内智慧旅游的相关政策 …… 109
6.2 智慧旅游服务的内涵与特征 …… 111
6.3 智慧旅游服务参与对象 …… 113
6.4 智慧旅游服务要素及环境 …… 119
6.5 智慧旅游服务模型 …… 121

第7章 智慧旅游其他关键技术和系统 …… 124
7.1 智慧旅游其他关键技术 …… 124
7.2 智慧旅游其他关键系统 …… 142

第 1 章　智慧旅游的提出和发展

当前，我国旅游业正处于大众旅游时代，处于"机遇挑战并存、矛盾风险交织"的特殊发展期，既存在规模扩张的现实需要，也面临效益提升的迫切需求。随着互联网的发展，5G、大数据、云计算、人工智能、VR（虚拟现实）、AR（增强现实）、MR（混合现实）等新一代技术在旅游领域的应用，智慧旅游一词逐渐被提出并被大众认同。智慧旅游这一概念最初是由"智慧地球"和"智慧城市"的概念衍生而来的，指利用现代信息技术，革新景区、游客和导游等各方之间的交互模式，提升游客的旅游体验。

2020年，文化和旅游部、国家发展改革委等十部门联合印发的《关于深化"互联网＋旅游"推动旅游业高质量发展的意见》强调，要坚持技术赋能，深入推进旅游领域数字化、网络化、智能化转型升级。2021年3月，《中华人民共和国国民经济和社会发展第十四个五年规划和2035年远景目标纲要》提出了"深入发展大众旅游、智慧旅游，创新旅游产品体系，改善旅游消费体验"的要求。2021年4月，全国"互联网＋旅游"发展论坛暨2021河南智慧旅游大会上，文化和旅游部相关负责人指出，需要主动融入新型智慧城市和数字乡村建设，打通数据孤岛；以提升便利度和改善服务体验为导向，引导旅游公共服务模式创新，为老年人等特殊群体开发专门的应用程序和界面；加快推进线上、线下融合发展，让文化和旅游资源借助数字技术"活起来"，推动旅游消费提质升级。

1.1 智慧旅游 1.0 时代

智慧旅游 1.0 时代为平台化阶段，主要在 1997—2009 年间。这期间各种互联网旅游信息服务平台（见表 1-1）纷纷成立，提供宣传介绍、攻略导游、社区交流、机酒预订、路线查询等服务，初步实现了文化旅游的信息化。

表 1-1　国内外常见旅游平台

旅游信息平台	成立时间	成立地点	功能
携程旅行网	1999 年	中国	酒店预订、机票预订、度假预订、门票预订、差旅管理等
同程旅行	2004 年	中国	门票、酒店、交通等预订
驴妈妈旅游网	2008 年	中国	门票、度假酒店、周边游、商旅定制游、国内游、出境游、大交通等预订
途牛旅游网	2006 年	中国	跟团、自助、自驾、邮轮、景区门票以及公司旅游、机票、酒店等预定
去哪儿	2005 年	中国	机票、酒店、会场、度假产品等预定
Booking 缤客	1996 年	荷兰	住宿、酒店、机票等预订
Expedia 亿客行	2005 年	美国	酒店、机票、车辆等预订
Priceline	1998 年	美国	机票、酒店、车辆、邮轮等预订
Agoda 安可达	2005 年	新加坡	酒店、度假村、青年旅馆、民宿等预订

1.2 智慧旅游 2.0 时代

智慧旅游 2.0 时代为信息化阶段，主要在 2009—2019 年间。随着移动互联网的发展和 3G、4G 的普及，手机 App 取代网站平台成为消费者使用的主要入口以及游客获取信息和消费的主要方式。同时，在这一阶段旅游业主要是利用一些新兴的数字化、互联网技术，建设智能化景区（见表 1-2），如运用新一代的信息通信技术（ICT），将云计算（SaaS、PaaS、IaaS）、物联网（RFID 技术、传感器等）、互联网（Web 2.0 技术、三网融合技术等）和个人移动终端（4G 技术、PDA）等技术进行集成和综合，初步实现了对旅游目的地的大数据分析，促进体验升级与服务升级。

表 1-2　智慧景区案例

景区案例	特色
"一部手机游延庆"区域旅游目的地智慧服务系统解决方案	"区域旅游目的地"智慧服务系统、"一中心四平台"
"云游江西"智慧旅游平台	"一中心、三平台、一体系"
"玩转故宫"小程序	基于地理数据的各项智慧服务
中国非物质文化遗产网·中国非物质文化遗产数字博物馆	数字化技术和网络平台展示
"一部手机游云南"全域智慧文旅平台	"互联网+旅游""一机游"
"掌游中原老家河南"智慧小程序项目	"一机游""互联网+"
南京市牛首山文化旅游区智慧旅游系统	人工智能、区块链、大数据
重庆市中国三峡博物馆智慧管理平台	云计算、大数据
"君到苏州"文化旅游总入口平台	跨平台数据融合

1.3 智慧旅游 3.0 时代

智慧旅游 3.0 时代为智慧化阶段，主要在 2019 年至今，这期间智慧旅游的概念逐渐形成并且开始落地实施，更多地融入 5G、云计算、物联网、大数据、人工智能等信息技术。智慧旅游 3.0 时代能够根据游客需求，对感知信息进行精准化处理，构建出高效、智慧化的旅游信息系统。通过旅游应用场景创新，可以成功打造文化与科技深度融合的文旅产品和服务，极大地强化了个性化服务，增强旅游感知，提升旅游服务能效。

1.4 与智慧旅游相关的概念

近年来，各地在旅游信息化方面确实提出了多种发展概念，这些概念不仅涵盖了智慧旅游，还包括数字景区、电子景区等概念。以下是对这些概念的清晰归纳和详细解释。

1.4.1 数字景区

数字景区是智慧旅游的重要组成部分，它是指通过数字化手段对景区进行全面、准确、及时的信息采集、处理、展示和监控，实现景区的智能化管理和服务。数字景区涵盖了景区的基础设施、资源环境、游客行为等多个方面，通过大数据、云计算等技术手段，为游客提供更加便捷、安全的旅游体验。

1.4.2 电子景区

电子景区是数字化景区的一种表现形式，它主要通过电子信息技术手段，实现景区的在线化、电子化管理和服务。电子景区强调通过信息技术手段提高景区的运营效率和服务质量，为游客提供更加便捷、舒适的旅游体验。

1.4.3 智慧景区

智慧景区则是一个更为全面的概念，它不仅包括数字化和电子化的元素，还涉及利用物联网、大数据、人工智能等先进技术，如智能交通系统、智能安防监控以及基于数据分析的个性化服务等进行景区管理和服务的全方位升级。智慧景区的目标是实现资源的最优配置，提升游客体验，同时确保景区的可持续发展。

1.4.4 网络预订

网络预订，即通过网络平台进行的旅游预订，包括交通、住宿、餐饮和活动等。这种预订方式给游客带来了极大的便利，同时也提高了旅游供应商的管理效率和市场响应速度。

1.4.5 多媒体旅游

多媒体在旅游信息服务中的运用，如音频导览、视频展示等，既丰富了游客的旅游体验，使得文化和自然遗产的解释更加生动有趣；也利于对旅游城市、景区的宣传，可带动当地经济发展。

1.4.6 无票旅游

无票旅游，即通过电子票务系统内的电子信息进入景区，游客不使用传统的纸质门票作为出入景区的凭证。无票旅游能够方便游客出行，绿色环保，降低景区运营成本。

1.4.7 虚拟旅游

虚拟旅游，即游客通过互联网在家中就能参观远方的景点。这种方式不仅能为行动不便的人提供游览机会,还能为游客提供沉浸式的旅游体验,让游客在不出门的情况下就能感受各地的风土人情。

1.4.8 旅游信息系统

旅游信息系统,即集成了旅游资源、产品、服务、路线等信息的综合平台,为游客和管理者提供决策支持和服务指导。旅游信息系统是智慧旅游的核心组成部分之一,为游客提供了全面、高效、便捷的旅游信息支持。常见的旅游信息系统案例包括智慧导览系统、智慧票务系统、智慧监控系统。

1.4.9 高科技主题公园

高科技主题公园是运用最新的科技成果,如VR、AR、人工智能等技术,为游客提供前所未有的娱乐体验的公园,高科技主题公园推动了旅游业和科技行业的融合发展。

1.5 智慧旅游和智慧城市的关系

智慧旅游与智慧城市,同为"智慧地球"概念的核心构成,它们在概念上紧密相连且相互依存。智慧城市利用物联网、云计算、大数据等尖端技术,实现了城市高效、智能与可持续的运营模式,为居民打造了更高质量的生活空间。智慧旅游,正是基于这些技术,致力于为游客提供更为个性化、智能化的旅游体验。智慧城市与智慧旅游之间关系紧密,不可分割。作为城市发展的高级形态,智慧城市通过信息技术实现精细化、智能化的管理,为智慧旅游的蓬勃发展提供了坚实的基础环境,而智慧旅游作为智慧城市的关键组成部分,其发展亦将进一步推动智慧城市建设的完善与提升。智慧旅游高度依赖智慧城市的信息基础设施。智慧城市的建设通常包括完善的通信网络、数据中心等基础设施,这些设施为智慧旅游提供了必要的支撑。例如,5G、Wi-Fi、云计算、大数据、人工智能、旅游信息系统等信息技术的广泛应用,使得游客能够随时随地获取旅游信息,享受便捷的旅游服务。智慧旅游与智慧城市在数据共享和资源整合方面存在紧密联系。智慧城市通过建设数据中心等平台，实现各类数据的集中存储和共享，为智慧旅游提供了丰富的数据资源。智慧旅游可以充分利用这些数据资源，为游客提供更加个性化、精准化的旅游服务。

第 2 章 智慧旅游关键技术及其应用

2.1 智慧旅游关键技术

智慧旅游的发展离不开多种关键技术的使用,在不同时期采取的关键技术有所不同,详见表 2-1。

表 2-1 不同时期智慧旅游比较

阶段	旅游信息获取	分享方式	关键技术
智慧旅游 1.0 时代	报纸、广播、电视	交谈分享	电视网络
智慧旅游 2.0 时代	短信、电视、门户网站	论坛、博客	GSM、Web 网站
智慧旅游 3.0 时代	算法推荐、新媒体	微信、头条、抖音、旅游评价、算法推荐	大数据、机器学习算法、GIS、物联网、云计算、人工智能

2.1.1 大数据

随着头条、微博、抖音等社交媒体的出现,产生了海量的与旅游相关的数据。要对海量的旅游数据进行收集、处理和分析,这就需要使用到大数据技术。在旅游过程中的大数据主要包括游客评论大数据、位置大数据、旅游图片大数据、门票大数据、交通及住宿大数据等。

2.1.2 云计算

云计算以虚拟化的形式搭建云资源池来提供算力。云计算将计算资源从本地转移到云端,游客无须购买和维护昂贵的硬件设备,只需要通过互联网连接到云服务提供商的服务器,即可获得所需的计算能力和应用程序。

采用资源池化将CPU、内存、存储、GPU等资源进行集中池化，实现按需获取、灵活使用和按量付费的模式。在旅游过程中涉及的大量应用系统，如地图、景点App、购票系统、小程序等大都部署在云端。同时，对于旅游前、旅游中和旅游后产生的大量数据需要借助云计算技术进行数据的计算、存储和应用。

2.1.3 物联网

物联网采用射频识别、无线数据通信、计算机等技术，构造一个覆盖世界万事万物的实物互联网。在涉及旅游的各个场景中，一些需要联网的终端、设备、物品等都需要使用物联网，如基于物联网的充电桩、摄像头、电子门票以及水质和空气监测设备等，这些都能够将现实世界的物品进行联网，也只有将任何物品与互联网连接起来，进行信息交换和通信，才能更好地实现智能化识别、定位、跟踪、监管等功能。

2.1.4 5G

5G技术三大关键应用场景——eMBB（增强移动带宽）、mMTC（海量机器通信）和uRLLC（超低时延高可靠通信）能够实现10Gbps带宽、每平方千米容纳100万个终端和1ms的超低时延。eMBB能够为游客在旅游过程中提供VR、4K、8K的视频体验；mMTC技术连接大量的传感器、摄像头、电子门票等设备，实现全面的数据收集和分析；uRLLC在无人驾驶观光车、紧急救援等场景中，可以确保指令的快速传达和执行。此外，5G也可以与其他技术结合，如5G-V2X实现车路协同、MEC边缘云＋专用UPF实现低时延高可靠。

2.1.5 VR/AR

通过VR技术，游客还未出发就可以身临其境地体验旅游目的地的景区和城市风光，预先了解景点的特色和历史背景，增强旅游的兴趣和期待。而AR技术则可以在游客实际游览过程中，提供实时的导览信息、文化解读和互动体验，让旅游过程更加智能化和个性化。智慧旅游结合 VR/AR，实现了旅游与科技的深度融合，为旅游业的发展注入了新的活力，成为未来旅游业发展的重要趋势。

2.1.6 人工智能

人工智能包括计算机科学、数据分析和统计、硬件和软件工程、语言学、神经学、哲学和心理学。人工智能主要基于机器学习和深度学习的技术，用于数据分析、预测、对象分类、自然语言处理、推荐、智能数据检索等。利用人工智能技术对旅游数据、图像、景点、游客、商品等进行分析，可以实现智能推送、景点客流量预测、游客画像、智能决策等。

2.2 机器学习在智慧旅游中的应用

机器学习是指用计算机程序模拟人的学习能力，从实际例子中学习得到知识和经验，是计算机获取知识的重要途径，是一种学习结构、思考方式，是实现人工智能的一种方法及重要标志。简而言之，机器学习就是使用算法分析数据，从中学习并做出推断或预测。当前机器学习在日常生活、工作及学习中应用越来越广泛，应用领域包括图像识别、欺诈检测、语义分析、自动驾驶等，并逐渐渗透到社会发展的各个方面。

从旅游行业的应用来看，当前机器学习主要应用包括智慧旅游管理、智慧旅游服务和智慧旅游营销服务三个方面。其中，智慧旅游管理利用机器学习技术实现游客流量、旅游消费、酒店预订、景点舆情分析；智慧旅游服务利用机器学习技术为游客提供个性化的旅游信息搜索和推荐服务，如景点推荐、旅游路线规划；智慧旅游营销服务利用机器学习技术分析大量的游客数据，包括搜索记录、浏览行为、购买历史等，以构建游客画像，实现个性化的营销推送，同时能够优化营销策略，如调整广告内容、投放渠道等，从而提升游客转化率。

2.2.1 机器学习的定义

Tom Mitchel(1998)认为,一个程序被认为能从经验 E 中学习,解决任务 T,达到性能 P,当且仅当,有了经验 E 后,经过 P 评审,程序在处理 T 时性能有所提升。"机器学习是让计算机像人类一样学习和行动的科学,通过观察和与现实世界进行互动的形式向他们提供数据和信息,随着时间的推移,以自主的方式提高计算机的学习能力。"上述定义包含了机器学习的理想目标或最终目标,正如该领域的许多研究人员所表达的那样。机器学习和人脑学习程序存在一些明显的差异,详见图 2-1。

机器学习是一种能够赋予机器学习的能力以此让它完成直接编程无法完成的功能的方法。但从实践的意义上来说,机器学习是一种通过利用数据,训练出模型,然后使用模型预测的一种方法。机器学习一直以来都是人工智能的研究核心领域。与任何概念一样,机器学习的定义可能略有不同,具体取决于你向谁问机器学习的概念。我们梳理了在互联网中对机器学习的定义,从一些著名的来源中找到五个实用的定义:

(1)最基本的机器学习是使用算法解析数据,从中学习,然后对世界上的一些事情做出决定或者是预测。——NVIDIA

(2)机器学习是一门不需要明确编程就能让计算机运行的科学。——斯坦福大学

(3)机器学习基于算法,可以从数据中进行学习而不依赖于基于规则的编程。——麦肯锡公司

(4)机器学习算法可以通过例子从中挑选出执行最重要任务的方法。——华盛顿大学

(5)机器学习领域旨在回答这样一个问题:我们如何建立能够根据经验自动改进的计算机系统,以及管理所有学习过程的基本法则是什么?——卡内基梅隆大学

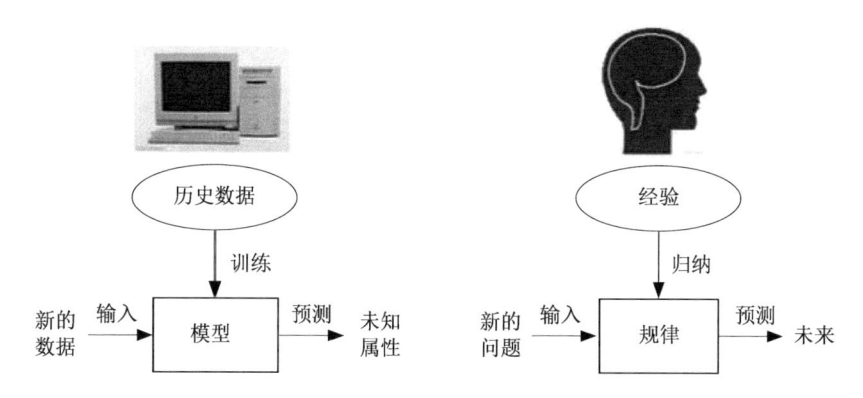

图 2-1　机器学习与人脑学习

2.2.2　机器学习算法分类

（1）监督学习算法（supervised learning algorithms）

监督学习是常见的机器学习类型之一。监督学习算法由一个目标/结果变量（或因变量）组成，该变量将从给定的一组预测变量（自变量）中预测，输入数据是由输入特征值和目标值所组成的。函数的输出可以是一个连续的值，称为回归；输出是有限个离散值，称为分类。常见的监督学习算法有：神经网络、支持向量机、最近邻居法、朴素贝叶斯法、决策树等。

一般来说，近年来广受关注的深度学习应用几乎都属于监督学习，如光学字符识别、语音识别、图像分类和语言翻译。虽然监督学习主要包括分类和回归，但还有更多的奇特变体，主要包括如下几种：

序列生成（sequence generation），即给定一张图像，预测描述图像的文字。序列生成有时可以被重新表示为一系列分类问题，如反复预测序列中的单词或标记。

语法树预测（syntax tree prediction），即给定一个句子，预测其分解生成的语法树。

目标检测（object detection），即给定一张图像，在图中特定目标的周围画一个边界框。这个问题也可以表示为分类问题（给定多个候选边界框，对每个框内的目标进行分类）或分类与回归联合问题（用向量回归来预测边界框的坐标）。

图像分割（image segmentation），即给定一张图像，在特定物体上画一个像素级的掩模（mask）。

（2）无监督学习算法（unsupervised learning algorithms）

无监督学习算法没有特定的目标输出，算法将数据集分为不同的组。在此算法中，没有任何目标或结果变量来进行预测/估计。输入数据没有被标记，也没有确定的结果。样本数据类别未知，且需要根据样本间的相似性对样本集进行类别划分。常见算法包括 Apriori 算法、k-Means 算法、密度聚类（DBSCAN）、均值偏移（mean shift）算法等。

无监督学习是指在没有目标的情况下寻找输入数据的有趣变换，其目的在于数据可视化、数据压缩、数据去噪或更好地理解数据中的相关性。无监督学习是数据分析的必备技能，在解决监督学习问题之前，为了更好地了解数据集，它通常是一个必要步骤。降维（dimensionality reduction）和聚类（clustering）都是众所周知的无监督学习方法。无监督学习的主要运用包含：聚类分析（cluster analysis）、关系规则（association rule）、维度缩减（dimensionality reduce）。它是监督式学习和强化学习等策略之外的一种选择。

无监督学习应用例子如下：

1）发现异常（风控）。例如，违法的洗钱行为，洗钱的游客和不洗钱的游客在某些特征上总是有区别的，但是在一个超大账户上，我们并不知道哪些是正常游客，哪些是非正常游客。所以我们需要采用无监督学习，将这些游客通过各个特征进行分类，通过分类快速地分析出正常游客，然后通过更加深入的分析得到异常游客的特征，找出异常游客。

2）游客细分。这个对于广告平台很有意义，我们不仅能把游客按照性别、年龄、地理位置等维度进行细分，还可以通过游客行为对游客进行分类。通过多维度的游客细分,广告投放可以更有针对性,效果也会更好。

3)推荐系统。例如,经典的"啤酒+尿不湿"就是根据游客的购买行为来推荐相关的商品的一个例子。例如,大家在淘宝、天猫、京东上逛的时候,平台总会根据你的浏览行为推荐一些相关的商品,有些商品就是无监督学习通过聚类分析来推荐的。通过推荐,系统会发现一些购买行为相似的游客,推荐这类游客"可能喜欢"的商品。

(3)半监督学习算法(semi-supervised learning algorithms)

半监督学习算法训练集同时包含有标记的样本数据和未标记的样本数据,算法试图利用标记数据的信息来改进对未标记数据的预测。常见算法包括图论推理算法(graph inference)或者拉普拉斯支持向量机(laplacian SVM)等。

半监督学习是监督学习的一个特例,它与众不同,值得单独归为一类。半监督学习是没有人工标注的标签的监督学习,可以将它看作没有人类参与的监督学习。标签仍然存在(因为总要有什么东西来监督学习过程),但它们是从输入数据中生成的,通常是使用启发式算法生成的。

自编码器(autoencoder)是有名的半监督学习的例子,其生成的目标就是未经修改的输入。同样,给定视频中过去的帧来预测下一帧,或者给定文本中前面的词来预测下一个词,都是半监督学习的例子;同时这两个例子也属于时序监督学习(temporally supervised learning),即用未来的输入数据作为监督。需要注意的是,监督学习、半监督学习和无监督学习之间的区别有时很模糊,这三个类别更像是没有明确界限的连续体。半监督学习可以被重新解释为监督学习或无监督学习,这取决于你关注的是学习机制还是应用场景。

(4)强化学习算法(reinforcement learning algorithms)

强化学习是一种基于决策进行训练,算法根据输出结果(决策)的成功或错误来训练自己,通过大量经验训练优化后的算法将能够给出较好的预测。常见算法包括 Q-learning 算法、DQN（Deep Q-network）算法。

强化学习一直以来被人们所忽视，但最近随着 Google 的 DeepMind 公司将其成功应用于学习玩 Atari 游戏（以及后来学习下围棋并达到最高水平），机器学习的这一分支开始受到大量关注。在强化学习中，智能体（agent）接收有关其环境的信息，并学会选择使某种奖励最大化的行动。例如，神经网络会"观察"视频游戏的屏幕并输出游戏操作，目的是尽可能得高分，这种神经网络可以通过强化学习来训练。在未来，强化学习能够实现越来越多的实际应用，包括自动驾驶汽车、机器人、资源管理、教育等。

2.2.3 机器学习算法模型

机器学习算法的实现是一个复杂而系统的过程，通常涉及多个阶段，从最初的数据收集到最终的模型测试与优化，以下是对这一过程更为详细的描述。

第一步，数据收集是机器学习的起点。在这一阶段，需要根据具体的问题和应用场景，收集相关的、高质量的数据。数据的来源可能多种多样，包括数据库、传感器、网络爬虫等。收集到的数据需要具备一定的代表性和多样性，以确保后续模型的泛化能力。

第二步，准备输入数据。这一步通常包括数据的清洗、预处理和特征工程。数据清洗主要是去除或修正数据中的噪声、缺失值和异常值；预处理则可能包括数据的标准化、归一化等操作；特征工程则是根据问题的特点，从原始数据中提取出有意义的特征，以提高模型的性能。

第三步，在准备好输入数据后需要对数据进行分析。这一步的目的是深入了解数据的分布、相关性等特性，为后续模型的训练提供指导。同时，也可以通过对数据的分析，发现数据中可能存在的问题或挑战。

第四步，训练算法。在这一阶段，我们选择合适的机器学习算法，并使用准备好的输入数据进行训练。训练过程通常包括多次迭代，以优化模型的参数，提高模型的性能。

第五步，测试和优化算法。使用独立的测试集来评估模型的性能，并根据评估结果对模型进行优化。优化可能涉及调整模型的参数、改进特征工程的方法、选择更合适的算法等。通过不断的测试和优化，我们可以得到性能更加优越的机器学习模型。

2.2.4 机器学习在智慧旅游中的应用

基于机器学习的算法和模型在智慧旅游场景中的典型应用贯穿于旅游的全过程——旅游前、旅游中和旅游后。从游客的角度来看，游客在出行前大多会通过搜索引擎、自媒体、论坛、公众号或景点官方网站进行景区信息的检索、景区评价的分析、景区出行信息查询、门票和住宿的预定。在游客的旅行过程中，游客基于旅游过程中的体验和所见、所感、所闻会产生大量的数据，如景区的照片、评论、评分以及短视频、出行信息、住宿信息等。在旅行后游客会分享对旅游景点、酒店、餐饮、交通等各方面体验和感受，产生大量的评价和建议数据，以及游客对旅游服务、旅游产品质量等方面的反馈和投诉数据，详见图2-2。

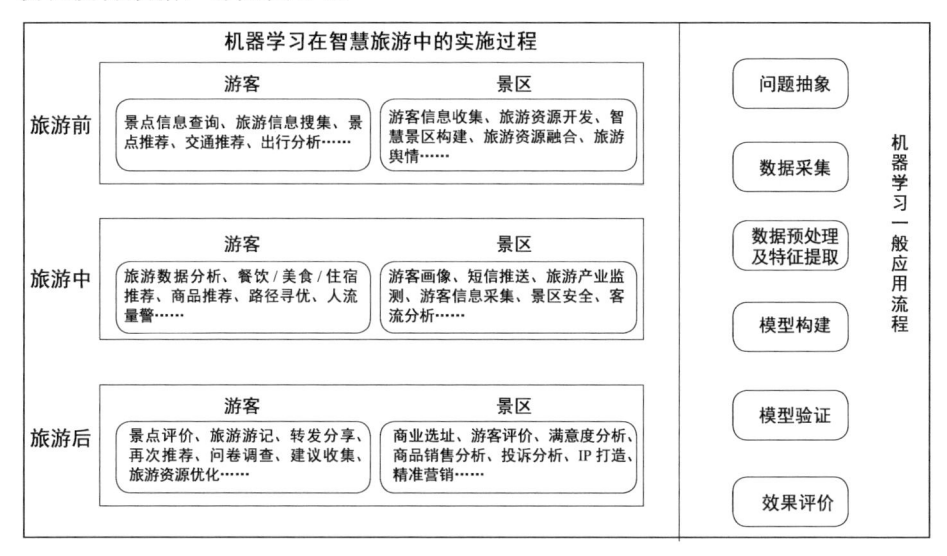

图2-2 机器学习算法在智慧旅游中的实施流程

利用机器学习算法和模型对旅游过程中的数据加以分析，一方面对于景区经营者、服务者和管理部门来说，能够根据客流量大小、游客来源、游客分布、热销产品、门票价格等方面制定针对性措施，如实施景区信息精准推送，更好地服务游客；另一方面对于游客来说，根据机器学习算法和模型的分析能够更好地获取最佳旅游时段、旅游路线、餐饮推荐、住宿推荐、商品推荐等，可以有效提升旅游体验。

不同的机器学习算法在智慧旅游中使用效果不同，分类算法可用于游客画像、内容推荐、景区分类等；聚类算法可用于市场细分、社交圈分析、旅游数据分析等；回归算法可用于景区人流量预测、商品销售量预测、景区评估等，详见图2-3。

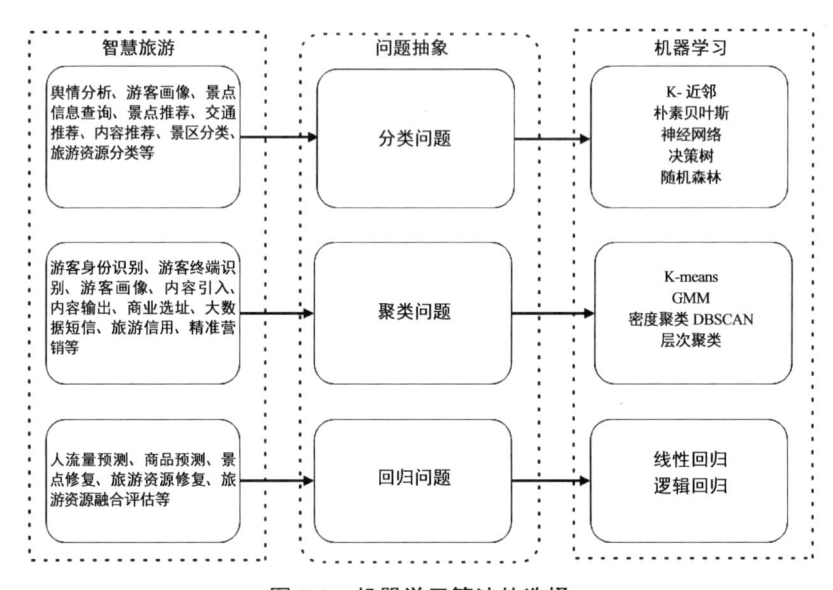

智慧旅游	问题抽象	机器学习
舆情分析、游客画像、景点信息查询、景点推荐、交通推荐、内容推荐、景区分类、旅游资源分类等	分类问题	K-近邻 朴素贝叶斯 神经网络 决策树 随机森林
游客身份识别、游客终端识别、游客画像、内容引入、内容输出、商业选址、大数据短信、旅游信用、精准营销等	聚类问题	K-means GMM 密度聚类DBSCAN 层次聚类
人流量预测、商品预测、景点修复、旅游资源修复、旅游资源融合评估等	回归问题	线性回归 逻辑回归

图2-3 机器学习算法的选择

2.2.5 人工智能、机器学习和深度学习

人工智能（AI）、机器学习和深度学习这三者之间存在着紧密的联系，但各自在概念和应用上有所不同。什么是人工智能、机器学习与深度学习？这三者之间有什么关系？

(1) 人工智能

1) 人工智能（artificial intelligence，AI）的起点：人工智能的起点可追溯到 1956 年的达特茅斯会议。这次会议由约翰·麦卡锡（J. McCarthy）及一批数学家、心理学家、神经生理学家和计算机科学家在达特茅斯大学召开，首次提出了"人工智能"的概念，并讨论了机器能否像人类一样学习和发展的问题。

2) 业界对人工智能虽无统一定义，但对其基于学习、认知构成的对人的替代具有高度共识。

3) 人工智能就是要把现实中的问题抽象成一个数学的模式来进行表达，具体的就是抽象出来输入和输出，只要可以抽象出来，基本上就会存在通用的方式连接输入和输出。

4) 人工智能经过 60 多年的螺旋上升式发展，在移动互联网、大数据、传感网络、半导体等技术飞速发展的引领下，新一代人工智能呈现出"深度学习、跨界融合、人机协同、群智开放和自主智能的新特点"，新一代人工智能主要是大数据基础上的人工智能。

5) 人工智能的基础学科包括：数学（离散、模糊）、思维科学（认知心理、逻辑思维学、形象思维学）和计算机（硬件、软件）等。

人工智能诞生于 20 世纪 50 年代，当时计算机科学这一新兴领域的少数先驱开始提出疑问：计算机是否能够"思考"？我们今天仍在探索这一问题的答案。人工智能的简洁定义如下：努力将通常由人类完成的智力任务自动化。因此，人工智能是一个综合性的领域，不仅包括机器学习与深度学习，还包括更多不涉及学习的方法。例如，早期的国际象棋程序仅包含程序员精心编写的硬编码规则，并不属于机器学习。在相当长的时间内，许多专家相信，只要程序员精心编写足够多的明确规则来处理知识，就可以实现与人类水平相当的人工智能。这一方法被称为符号主义人工智能（symbolic AI），这也是从 20 世纪 50 年代到 80 年代末人工智能的主流范式。

在 20 世纪 80 年代的专家系统（expert system）热潮中，这一方法的热度达到了顶峰。虽然符号主义人工智能适合用来解决定义明确的逻辑问题，如下国际象棋；但它难以给出明确的规则来解决更加复杂、模糊的问题，比如图像分类、语音识别和语言翻译。于是出现了一种新的方法来替代符号主义人工智能，这就是机器学习（machine learning，ML）。

（2）机器学习

机器学习是一种让计算机通过数据和经验进行学习和改进的技术。与传统的编程方法不同，机器学习不依赖于人为编写的明确指令，而是通过算法从数据中提取规律，并根据这些规律做出预测或决策。机器学习包括聚类、分类、决策树、贝叶斯、神经网络、深度学习等算法，详见图 2-4。

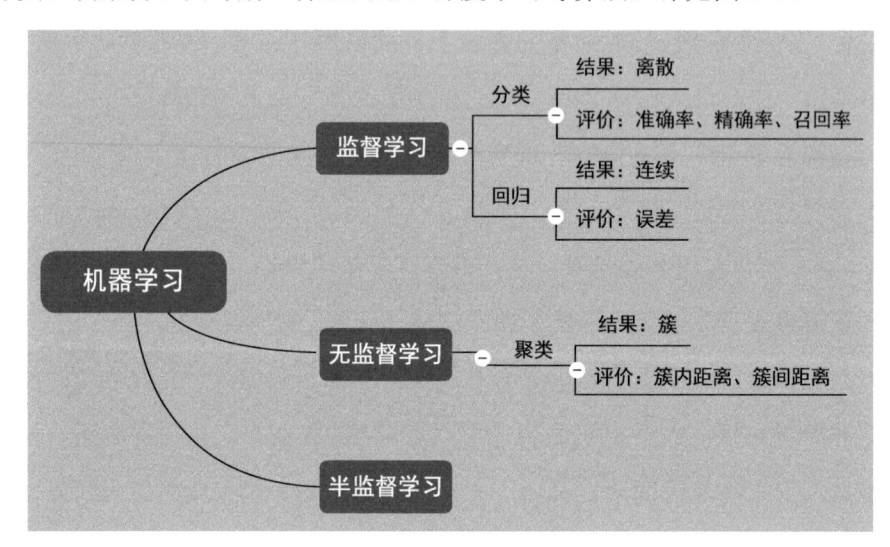

图 2-4　机器学习的主要内容

（3）深度学习

深度学习（deep learning，DL）是一种机器学习的子领域，它旨在通过模拟人脑神经网络的结构和功能，让机器具有分析和学习的能力。以下是深度学习的清晰定义和主要特点：

1）深度学习是一种机器学习的技术，它通过构建具有多层神经元的网络模型，来模拟人脑的学习过程。这些网络模型能够从大量的、未标记或标记的数据中自动学习有用的特征表示，从而实现对复杂数据的准确分类、预测和生成。

2）多层网络结构：深度学习模型通常由多个网络层组成，包括输入层、隐藏层和输出层。这些层之间通过权重和偏置相连，通过训练调整这些参数，使得模型能够逐渐学习到数据的内在规律和表示层次。

3）特征学习：与传统的机器学习需要手动提取特征不同，深度学习模型能够自动地从数据中学习有用的特征表示。这种自动学习的特征表示往往比手动提取的特征更具泛化能力和表达能力。

4）复杂函数逼近：深度学习通过构建多网络层的模型和海量训练数据，来学习更有用的特征，从而最终提升分类或预测的准确性。它能够实现对复杂函数的逼近，解决传统机器学习难以处理的问题。

5）神经网络技术：深度学习的核心是神经网络，这是一种用来处理数值信息的逼真模拟系统。它由输入层、隐藏层和输出层组成，通过权重和偏置相连。当输入信号进入神经网络时，它会逐层前行，经过迭代修正，直至达到期望的输出值和效果。

6）应用领域广泛：深度学习在计算机视觉、自然语言处理、语音识别、推荐系统等领域都有广泛的应用。例如，在计算机视觉中，深度学习可以用于人脸识别、物体检测、图像分类等任务；在自然语言处理中，深度学习可以用于机器翻译、情感分析、文本生成等任务。

总的来说，深度学习是机器学习的一个分支，而机器学习是人工智能的一个分支。深度学习强调从连续的层（layer）中进行学习，这些层对应于越来越有意义的表示。在深度学习中，这些分层表示几乎总是通过叫作神经网络（neural network）的模型来学习得到的。神经网络结构是逐层堆叠的。神经网络这一术语来自神经生物学，是通过组合低层特征形成更加抽象的高层表示属性类别或特征，以发现数据的分布式特征表示。

2.2.6 关键术语

数据集（data set）

实例（instance）

样本（sample）

特征（feature）

属性（attribute）

特征向量（feature vector）

维数（dimensionality）

训练集（trainning set）

测试集（test set）

分类（classification）

回归（regression）

聚类（clustering）

降维（dimensionality reduction）

监督学习（supervised learning）

无监督学习（unsupervised learning）

样本（sample）

输入（input）

目标（target）

预测（prediction）

输出（output）

预测误差（prediction error）

损失值（loss value）

真值（ground-truth）

标注（annotation）

标签（label）

类别（class）

二分类（binary classification）

多分类（multiclass classification）

多标签分类（multilabel classification）

人工智能（artificial intelligence）

深度学习（deep learning）

机器学习（machine learning）

深度神经网络（deep neural network）

准确率（accuracy）

偏差（bias）

交叉验证（cross-validation）

降维（dimensionality reduction）

熵（entropy）

F 分数（f-score）

特征提取（feature extraction）

召回率（recall）

方差（variance）

词云（word cloud）

权重（weights）

激活函数（activation function）

算法（algorithm）

区块链（blockchain）

旅游目的地管理（destination management）

旅游电子商务（tourism e-commerce）

旅游大数据分析（tourism big data analysis）

数据可视化（data visualization）

2.3 大数据技术在智慧旅游中的应用

2.3.1 旅游大数据产生

旅游大数据是通过对旅游行业相关数据进行采集、处理、分析和挖掘，以获取有价值的信息和洞察力的一种数据资源。当今的旅游业正处于数字化、智能化和舆论化浪潮之中，诸如"小砂糖橘""哈尔滨冰雪旅游""淄博烧烤""洛阳牡丹""西安汉服"等一系列的旅游热点，带来了大量的网络讨论和大批量的游客，这期间从"衣、食、住、行"到"微博、抖音、头条、朋友圈"等都产生了海量的数据。

（1）旅游大数据类型

旅游大数据有许多种类型，可以根据不同的分类方式而有所不同，表2-2是一些常见的分类方式及其对应的旅游大数据类型。

表 2-2 旅游大数据类型

旅游大数据的类型	数据来源	内部数据	预订记录
			客户偏好
			经营数据
		外部数据	社交媒体数据
			公共数据
			舆情数据
	产生数据的主体	游客产生的数据	搜索记录
			预订记录
			评论
			分享
			浏览记录

(续表)

旅游大数据的类型	产生数据的主体	供应商产生的数据	产品信息
			产品价格
			产品库存
			产品满意度
		第三方数据	社交媒体
			天气预报
			地图导航
			金融
			运营商
			交通部门
			旅游管理部门
			人口统计学
	数据的性质	结构化数据	订单记录
			客户信息
			交易记录
			景点信息
			门票信息
			UGC 评论
			UGC 点评
			UGC 点赞
		非结构化数据	UGC 图片
			UGC 视频
	数据内容	旅游客户信息数据	游客预定
			游客评价
			游客搜索
			游客浏览
			游客年龄
			游客性别
			游客出发地
			游客目的地
			游客工作地
			游客预算
			旅游频次
			游客交通工具
			游客手机品牌
		旅游产品信息数据	产品价格
			行程安排
			活动安排
			景点级别
			景点所在地
			景点口碑
			景点热门度
			景点客流量
			景点智慧化程度

(续表)

旅游大数据的类型	数据内容	交通出行数据	航班时刻表、票价、座位
			火车时刻表、票价、座位
			汽车时刻表、票价、座位
			轮船时刻表、票价、座位
			地铁时刻表、票价
			公交时刻表、票价
			缆车时刻表、票价、座位
			班车时刻表、票价
		景点门票数据	门票价格
			开放时间
			游客数量
			游客满意度
		住宿数据	房间价格
			入住率
			评价
			酒店级别
		餐饮数据	餐厅位置
			菜品种类
			价格
			评价
			特色菜
	数据时效性	历史数据	历史天气数据
			历史酒店入住率
			历史航班延误
			历史评价数据
		近期数据	近一个月订单记录
			近一个月评价记录
			近一个月游客记录
			近一个月活动记录
		实时数据	景区游客数量统计
			酒店入住情况
			航班动态
			高铁班次
			实时天气
	数据分析目的	消费者行为分析	游客预订
			游客评价
			游客搜索
			游客浏览
			游客职业
			游客年龄
			游客性别

(续表)

旅游大数据的类型	数据分析目的		
旅游大数据的类型	数据分析目的	目的地管理分析	游客来源地
			旅游资源分布
			人流量分析
			旅游产业链分析
		供应链管理分析	旅游活动分析
			酒店供应链
			航空公司供应链
			旅游交通供应链
		营销策略分析	市场热度
			竞争对手分析
			定价策略优化
			门票客流量优化
			活动客流量优化
			打折活动分析

（2）旅游大数据来源

传统的旅游数据来源比较单一，大多来自旅游企业和组织内部的管理信息系统，如企业资源管理系统 ERP、客户关系管理系统 CRM、酒店管理系统 PMS、旅行社管理信息系统、车辆信息系统、航班信息系统等。大数据时代，互联网、移动互联网和物联网应用的普及使得旅游数据的来源更加广泛且复杂（见表 2-3）。

表 2-3　旅游大数据来源

数据来源	数据特点
政府网站：中央、省、区、市及县的政府官方网站，网站域名一般均以 .gov 结尾。政府网站的第二类为涉旅政府职能部门网站，包括中央、省、区市及县的文旅部体系与发改委体系等各级网站	可信度高、实时性好、隐私性高、开放共享性好
新闻资讯：主要分为中央官方媒体，如新华网与人民网等；地方官方媒体，如《北京日报》《河南日报》等；商业媒体，如新浪网、凤凰网、腾讯新闻及今日头条等	数据种类丰富、数据来源广泛、数据时效性高
微博：主要指新浪微博	数据互动性高、游客画像精准、有话题聚焦和趋势预测
微信朋友圈 / 公众号：微信游客个人朋友圈和微信公众号涉旅营销平台	高度社交性、内容多样性、实时性、个性化和私密性
OTA：涉旅网站或在线服务，向客户销售与旅行相关的产品，这些产品可能包括酒店、航班、旅行套餐、活动和汽车租赁	三方数据、三方评价，OTA 评价的数据质量相对较高
自媒体：头条、抖音、小红书	数据实时丰富、数据多样互动、数据具有垂直性
运营商：通过游客手机定位，可以采集到游客的出行线路，在景区逗留情况等	数据量大、数据准确
知乎：问题回答型平台，高质量内容、成熟的知识社区、专业性强	数据具有知识性和专业性、游客画像精准
其他：博客（Blog）、问答、贴吧及视频网站	主流数据源的补充

2.3.2 旅游大数据采集

旅游大数据采集是指对已经存在的旅游相关的大规模数据进行系统性收集的过程，详见图 2-5。这一过程还常被称作网页爬取、数据挖掘、网络收割等。通常情况下，旅游大数据采集涵盖了多元化的数据收集手段，不仅限于与应用程序编程接口（API）进行交互或直接与浏览器进行数据交换。在实际操作中，常见的数据采集工具包括八爪鱼、后羿采集器和 Python 数据采集等。这些工具在旅游数据的广泛收集与分析中扮演着关键角色，有助于从海量的旅游信息中提炼出有价值的数据。

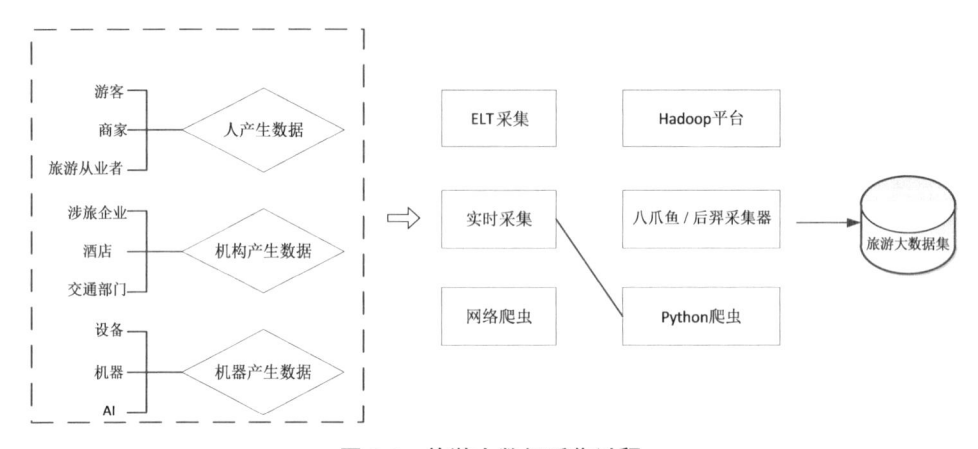

图 2-5　旅游大数据采集过程

（1）八爪鱼和后羿采集器

八爪鱼和后羿采集器是功能强大的网络爬虫工具，可以将网页上的非结构化数据转换成结构化数据，最终以数据库或 Excel 表等多种形式进行存储。能够自动识别列表、表格、链接、图片等信息，采集结果可支持 TXT、Excel、CSV 和 HTML 文件格式，也可以直接发布到数据库（如 MySQL、MongoDB、SQL Server、PostgreSQL）使用。能够实时采集社交媒体数据，包括微博、微信公众号、知乎、抖音、小红书、B 站、豆瓣以及各类垂直行业论坛、贴吧等。其中，八爪鱼采集器官网为www.bazhuayu.com，后羿采集器网址为www.houyicaiji.com，页面如图2-6、图2-7所示。

图2-6 八爪鱼采集器界面

图2-7 后羿采集器界面

（2）Python爬取数据

Python爬取数据就是利用Python编程访问目标服务器，通过程序模拟浏览器请求站点的行为，把站点返回的 HTML 代码/JSON 数据/二进制数据（图片与视频）爬到本地，进而提取自己需要的数据，存放起来使用，流程详见图 2-8。常用到的爬虫框架和库有 Scrapy 框架，Beautiful Soup、Selenium、urllib、urllib2 库等，并通过正则表达式实现数据获取。

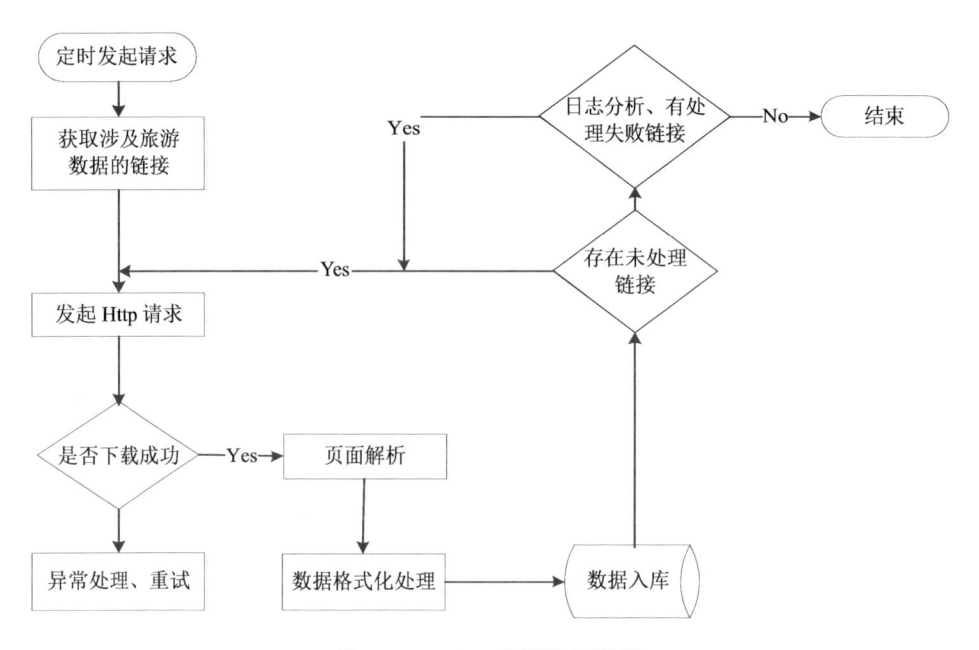

图 2-8　Python 爬取数据流程

2.3.3　旅游大数据存储

对采集到的涉及旅游数据进行存储时，要区分不同的类型。采集到的数据有基于键值的关系型数据，如游客、时间、日期、评分等数据；还有类似于视频、图像的非关系数据。针对不同类型的数据就需要使用块存储、文件存储、对象存储等不同的存储方式。

2.3.4　旅游大数据应用

大数据为旅游业发展和涉旅企业提质增效带来了巨大的助力，也带给旅游活动中的参与者极大的便利。国内旅游大数据应用主要集中在旅游管理、游客服务、旅游营销等领域。其中，在旅游管理方面，国内各大运营商及互联网公司，通过 LBS 定位及手机信号定位，实现对景区及重点区域内的游客人流、车流密度的监测、预警，同时基于网络文本数据的挖掘，实现对旅游目的地的舆情监测及预警；在游客服务方面，基于对旅游产品、旅游线路的数据挖掘、分析，实现对旅游资讯及旅游产品信息的精准推送；在旅游营销方面，通过对不同游客属性信息及游客兴趣偏好等数据的挖掘分析，指导旅游目的地精准营销。

旅游大数据被应用于游客画像、游客满意度调查、舆情监测、客流统计、旅游推荐等场景中。通过互联网 OTA 平台综合评论情况，结合语义分析和机器学习处理等技术，对特定区域的整体旅游舆情情况进行综合评定；或通过算法模型量化区域内 A 级景点数量、旅游景区规模、文保单位数量、空气质量、物价水平等影响因素，并对这些因素进行权重配置和算法设计以测评当地旅游形象指数和旅游发展潜力指数；或基于机器学习技术结合旅游资源信息标签库，通过简易需求测试问卷为游客生成详细的行程推荐；或结合运营商信息数据对游客的画像、逗留时长、目的地轨迹等进行归类研究，从而挖掘关联于消费者客观特性的主观游览兴趣偏好等。

在旅游大数据加持下，旅游供应链条上包括政府、景点、商家、游客在内的各个相关方可以在有限的时间内从海量的数据中迅速获取目标数据并加工、提取成为有效信息，用以辅助调节监控、生产、管理或消费活动的发展方向，为旅游供应链上各相关方在不同侧重点下的市场活动提供指导和依据，详见图 2-9、表 2-4。

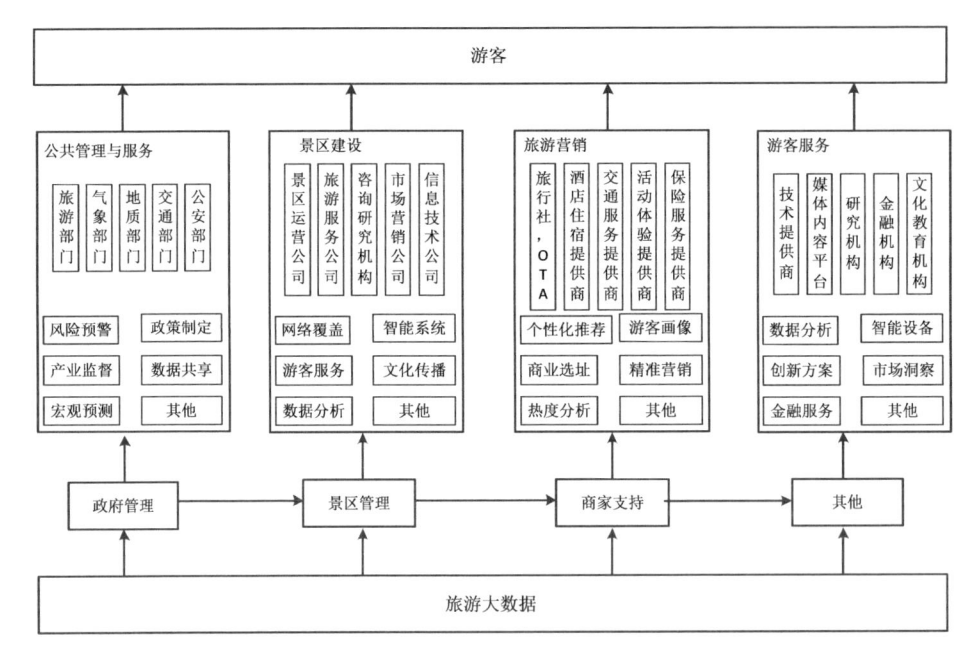

图 2-9 旅游大数据应用

表 2-4 旅游大数据应用示例

旅行环节	如何应用大数据
餐饮	游客利用如大众点评网的平台选择查看一家店铺的基本信息与评价,辅助找到餐饮地点,同时大数据帮助餐饮企业最大限度地锁定游客的需求,以提供更贴心的服务
住宿	大数据为游客找到合适的住宿地点提供了全方位的数据,如使用 booking、airbnb 等平台选择住宿地点,旅店也可以获得游客的意愿为游客进行个性化安排
交通	大数据为游客解决交通问题提供了科学合理的方案,如高德、百度地图等提供的路线
游览	根据大数据确定可能的游客数量,优化接待能力,为游客提供个性化服务
购物	大数据可以为游客提供个性化的旅游商品,并提供诸如按需配送等服务
娱乐	大数据可根据游客的需要组织娱乐项目,使游客更好地体验娱乐活动的乐趣

第 3 章　编程语言与开发环境

本书中的编程语言选择 Python，集成开发环境为 Pycharm。

3.1 搭建编程环境

在不同的操作系统环境下，Python 存在一定的细微的差别。本书中进行机器学习算法的编程语言是 Python，之所以选择 Python 是因为它具有其他编程语言不具备的优势：易于理解，具有丰富的函数库（尤其矩阵操作）、活跃的开发者社区，并支持矢量编程。

易于学习：Python 有相对较少的关键字和一个明确定义的语法，结构简单，学习起来更加简单。

易于阅读：Python 代码定义的更清晰。

易于维护：Python 的成功在于它的源代码是相当容易维护的。

一个广泛的标准库：Python 的最大的优势之一是丰富的、跨平台库的，与 UNIX、Windows、Macintosh 都能很好兼容。

互动模式：互动模式的支持，用户可以从终端输入执行代码并获得结果的语言、互动的测试和调试代码片段。

可移植：基于其开放源代码的特性，Python 已经被移植（也就是使其工作）到许多平台。

可扩展：如果用户需要一段运行很快的关键代码，或者是想要编写一些不愿开放的算法，可以使用 C 或 C++ 完成那部分程序，然后从自己的 Python 程序中调用。

数据库：Python 可提供主要的商业数据库的接口。

GUI 编程：Python 支持 GUI，可以创建和移植到许多系统中调用。

可嵌入：用户可以将 Python 嵌入 C 或 C++ 程序，在其程序中获得"脚本化"的能力。

Python 开发环境，需要两部分的程序：一部分是 Python 核心程序；另一部分是 Python 代码编写工具，即集成开发环境。

Python 核心程序，主要包含了 Python 解释器，以及一些内置库（可直接使用）和标准库（使用前需要导入）。而 Anaconda 程序，就包含了这些 Python 核心程序，而且还增加了很多常用的扩展库，并且能确保各种扩展库版本之间的兼容性，所以强烈建议初学者安装 Anaconda 程序。

Python 集成开发环境（IDE）见图 3-1，排名前两位的是 Pycharm 和 VS Code，前者需要付费使用，而后者是微软的免费的开发工具，而且有着众多的强大的扩展功能，强烈建议用户使用 VS Code 作为 Python 开发工具。

3.1.1 安装 Python

安装 Python 核心程序，Python 是一门跨平台的语言，如 Windows、Linux、MacOS 等平台都能完美兼容，以下只对 Windows 平台安装做详细介绍。

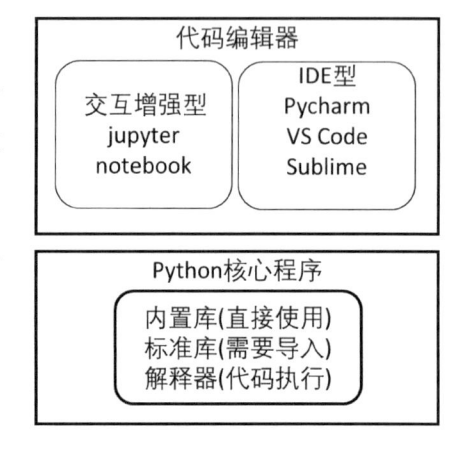

图 3-1 Python 集成开发环境

（1）第 1 步：下载 Python 程序

去官方网站 https：//www.python.org/，下载对应版本的 Python 程序，见图 3-2。

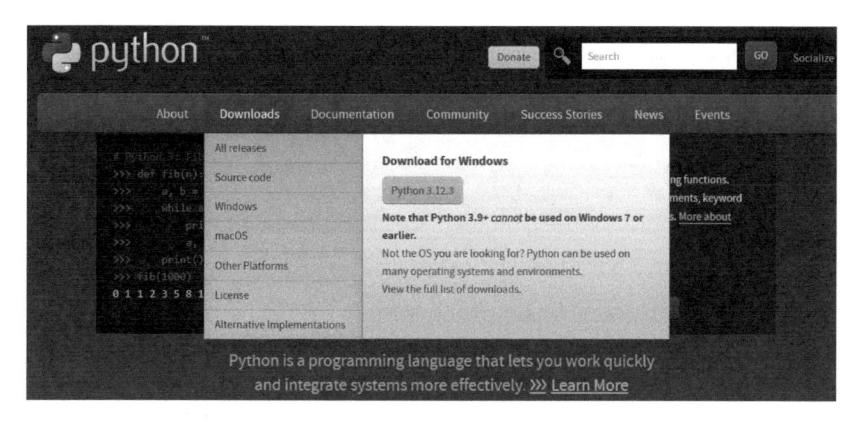

图 3-2　Python 网页

（2）第 2 步：安装 Python 程序

双击安装，按步骤执行安装程序，安装页面见图 3-3。

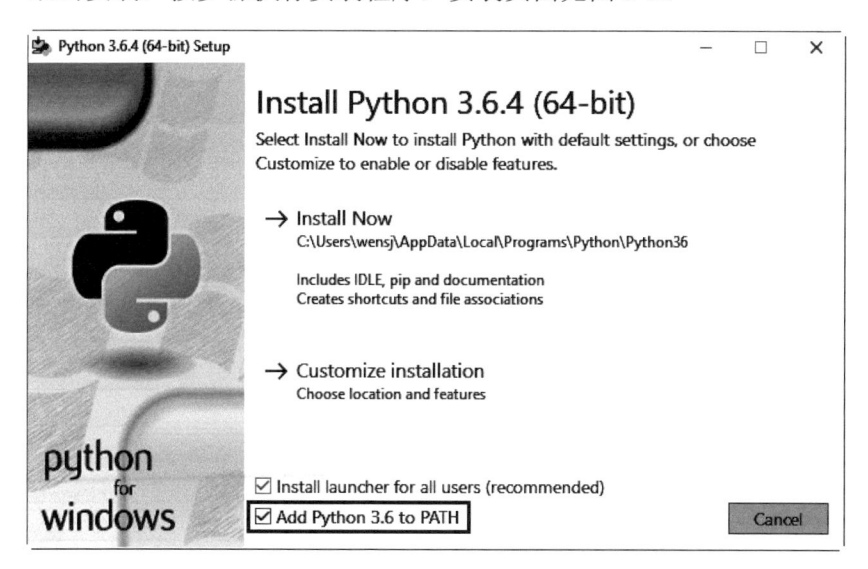

图 3-3　Python 安装页面

（3）第 3 步：检查是否安装成功

在开始菜单中，输入 CMD 命令、Python 命令行，能看到 Python 的基本信息。输入命令行：python -V，可看到 python 的当前版本。输入命令行：whereis python，查看 Python 的安装路径，见图 3-4。

图 3-4　Python 命令处理页面 1

（4）第 4 步：查看 pip 信息

输入命令行：pip --version，查看安装 pip 版本。输入命令行：pip list，查看已安装软件包，见图 3-5。

（5）第 5 步：安装和卸载包

输入命令行：pip install 包名，安装包。

输入命令行：pip uninstall 包名，卸载安装包。

（6）第 6 步：常见开源 pip 软件镜像站

pip 开源软件镜像站是指为 Python 的 pip 包管理器提供镜像服务的站点，卸载这些站点通常用于加速 pip 包的下载和安装，以及提高

图 3-5　Python 命令处理页面 2

下载的稳定性和可靠性。以下是一些常见的 pip 开源软件镜像站及其相关信息：

清华大学开源软件镜像站网址：https：//pypi.tuna.tsinghua.edu.cn/simple/

阿里云开源镜像站网址：https：//mirrors.aliyun.com/pypi/simple/

网易开源镜像站网址：https：//mirrors.163.com/pypi/simple/

豆瓣开源镜像站网址：https：//pypi.douban.com/simple/

百度开源云镜像站网址：https：//mirror.baidu.com/pypi/simple/

中科大开源镜像站网址：https：//pypi.mirrors.ustc.edu.cn/simple/

华为云开源镜像站网址：https：//mirrors.huaweicloud.com/repository/pypi/simple/

腾讯云开源镜像站网址：https：//mirrors.cloud.tencent.com/pypi/simple/

（7）第 7 步：Python 版本升级

升级 Python 版本的方法一：使用 Python 官方安装程序。

1）访问 Python 官方网站：打开浏览器，访问 Python 的官方网站（https：//www.python.org/downloads/）。

2）选择 Windows 安装程序：在下载页面，找到与你的 Windows 操作系统版本（如 Windows 10、Windows 8 等）以及你的计算机架构（32 位或 64 位）相匹配的 Python 版本。

3）点击 "Download" 按钮下载 Windows 安装程序（通常是一个 .exe 文件）。

4）运行安装程序：下载完成后，双击下载的 .exe 文件开始安装过程。按照安装向导的提示进行操作，选择安装选项（如自定义安装、添加 Python 到系统环境变量等）。

5）完成安装：等待安装程序完成 Python 的安装。一旦安装完成，你就已经成功升级了 Python 版本。

方法二：使用包管理工具（如 pip）。

需要注意的是 pip 主要用于管理 Python 包，而不是直接升级 Python 本身。但如果你使用的是某种虚拟环境（如 conda 环境），你可以通过包管理工具来升级 Python 版本。

1）打开命令行工具：打开命令提示符（CMD）或 PowerShell。

2）使用 pip 或 conda 等包管理工具：如果你使用的是 conda 环境，可以通过以下命令来升级 Python（假设你要升级到 Python 3.10 版本），即 conda install python=3.10。但请注意，pip 本身并不直接支持升级 Python 解释器。你需要使用上述的官方安装程序或其他方法。

3）验证 Python 版本：打开命令行工具，再次打开命令提示符（CMD）或 PowerShell。

4）检查 Python 版本：输入 python --version 或 python -V（注意：在某些系统上可能是 python3 --version 或 python3 -V），然后按 Enter 键。系统将显示当前安装的 Python 版本号。

注意事项：在升级 Python 之前，确保你的系统满足新版本的最低要求。如果你的系统上安装了多个 Python 版本，确保在命令行中调用的是你想要升级的 Python 版本。在升级之前，最好备份工作环境和数据，以防万一出现问题。如果你使用的是 IDE（如 PyCharm、VS Code 等），在升级 Python 后，可能需要重新配置解释器路径。

3.1.2 安装代码编辑工具 PyCharm 程序

PyCharm 是由 JetBrains 打造的一款 Python IDE，支持 macOS、Windows、Linux 系统。PyCharm 功能包括代码调试、语法高亮、Project 管理、代码补齐、智能提示、单元测试、版本控制等。Professional（专业版，收费）：完整的功能，可试用 30 天。Community（社区版，免费）：阉割版的专业版。

安装代码编辑工具 PyCharm 的详细教程如下：

（1）下载 PyCharm 安装包

访问 PyCharm 官方网站（https：//www.jetbrains.com/pycharm/）见图 3-6，找到社区版（Community）或专业版（Professional）的下载链接，根

据开发需求选择一个版本进行下载。

下载完成后，会得到一个安装包，通常是一个 .exe 文件。

图 3-6　PyCharm 下载

（2）安装 PyCharm

双击运行安装包：找到下载的安装包，双击运行它。

勾选同意安装协议：在安装向导中，阅读并同意软件许可协议。

选择安装位置：你可以选择默认的安装位置，或者点击"Browse"选择其他安装路径。

选择安装选项：在安装类型界面，你可以选择是否需要安装额外的组件，如额外的插件或主题。根据你的需求进行选择。

创建桌面图标和开始菜单项：在安装过程中，你可以选择是否在桌面创建 PyCharm 的快捷方式，以及在开始菜单中添加 PyCharm 的菜单项。

完成安装：点击"Install"开始安装。安装完成后，你可以选择是否立即启动 PyCharm。启动 PyCharm 后运行第一个 PyCharm 文件如图 3-7 所示。

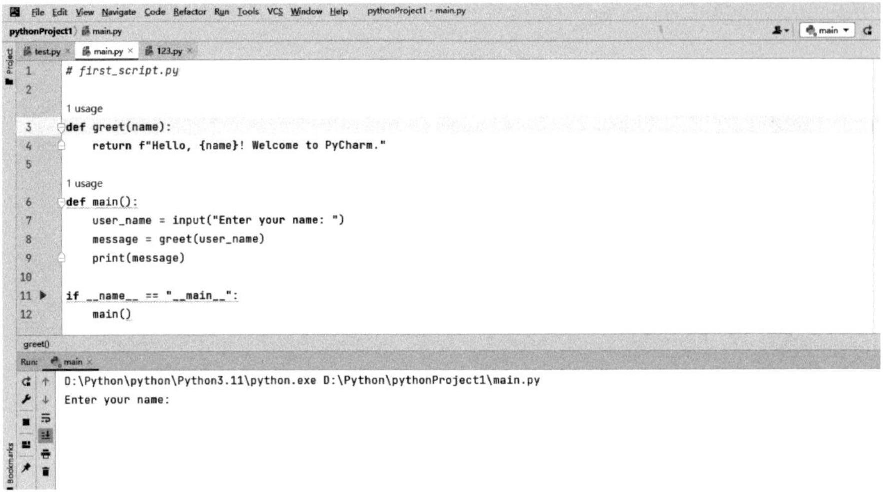

图 3-7 运行 PyCharm

（3）启动和配置 PyCharm

启动 PyCharm：如果你在安装过程中选择了创建桌面快捷方式，你可以直接在桌面上双击 PyCharm 图标启动它。否则，你可以从开始菜单中找到 PyCharm 并启动它。

勾选同意游客协议：在首次启动时，你可能需要阅读并同意游客协议。

配置 PyCharm：你可以根据自己的喜好配置 PyCharm 的界面语言、主题等设置。

选择 Python 解释器：PyCharm 需要依赖 Python 解释器来执行 Python 代码。如果你已经安装了 Python，你可以在 PyCharm 中设置 Python 解释器的路径。如果你还没有安装 Python，你需要先下载并安装 Python（具体安装步骤可以参考相关教程）。

（4）使用 PyCharm

一旦你完成了 PyCharm 的安装和配置，你就可以开始使用它来编写、调试和运行 Python 代码了。

3.1.3 Python的特色

Python的特色可以归纳为以下几点：

（1）简洁易读的语法

Python的语法简洁易懂，使得编写代码变得简单快速。这种简洁的语法不仅易于编写，也易于阅读和维护。

```python
# 打印 "Hello, World!"
print（"Hello, World!"）
# 定义变量
x = 10
y = "Hello"
print（x）# 输出：10

print（y）# 输出：Hello
# 条件语句
x = 10
if x > 0：
print（"x 是正数"）
elif x < 0：
print（"x 是负数"）
else：
print（"x 是零"）
# 输出：x 是正数
# 定义函数
def greet（name）：
return "Hello, " + name
print（greet（"World"））# 输出：Hello, World
```

（2）丰富的标准库和第三方库

Python内置了众多预编译并可移植的功能模块，涵盖了从字符模式到网络编程等一系列应用级编程任务。

通过自行开发的库和大量的第三方库，Python 可以简化各种应用场景的编程工作，如网站开发、数值计算、串口编写、游戏开发等。库包括 NumPy、Pandas、Matplotlib、Seaborn、Plotly、Scikit-learn、TensorFlow、PyTorch、Django、Flask、Pyramid、Requests、BeautifulSoup、Pytest、Selenium、PyQt、Tkinter。

（3）跨平台兼容性

Python 可以在多个操作系统上运行，包括 Windows、Linux 和 MacOS，这使得开发人员可以在不同的平台上进行开发和部署。这些平台包括 Linux、Windows、FreeBSD、Macintosh、Solaris、OS/2、Amiga、AROS、AS/400、BeOS、OS/390、z/OS、PalmOS、QNX、VMS、Psion、Acom RISC OS、VxWorks、PlayStation、Sharp Zaurus、Windows CE、PocketPC。

（4）动态类型系统

Python 是一种动态类型语言，不需要事先声明变量的类型，这增加了编写代码的灵活性。

（5）强大的社区支持

Python 拥有庞大的开发者社区，提供了大量的教程、文档和示例代码，方便开发者学习和解决问题。

3.2 对象、矩阵与矢量化编程

面向对象编程（object-oriented Programming，OOP）是一种程序设计范型或编程范式，它以"对象"为基本单位，利用类和对象等概念来设计软件系统。在面向对象编程中，对象是一个封装了数据（属性）和操作这些数据的方法（函数）的实体。对于大多数程序员而言，对象应该不是一个陌生的概念。在面向对象的程序设计思想中，对象就是一个类的实例。机器学习中的对象与之很相似，对象就是一个类的实例，是一张表（见表3-1），此表来源于现实中真实的统计数据。

表 3-1 动物与水果

实例	种属	重量（平均）	颜色（主）	生命周期/保质期
大象	动物	5t	土灰色	70 年
狗	动物	20kg	白色	15 年
猫	动物	3kg	白色	14 年
西瓜	植物	5000g	绿色	3 天
桃	植物	200g	红色	15 天
苹果	植物	250g	红色	10 天

表中第一行分别为实例、种属、重量（平均）、颜色（主）、生命周期/保质期。所有特征组合在一起构成一组行向量，也称为特征向量。为了区别线性代数中的特征值和特征向量，引入了对象这个名称。以大象、狗等开头的数据就是一组行向量，也就是一个对象。对象的维度就是行向量的列数，上述数据集的维度为 5。

3.2.1 对象的定义

对象（object）是面向对象编程的核心概念之一。它是对现实世界或抽象概念的一种模拟，包括状态和行为。在编程中，一个对象通常包括以下几个部分：

属性（attributes）：也叫作数据成员、成员变量或实例变量。它存储了与对象相关的数据。

方法（methods）：也叫作成员函数或成员方法。它描述了对象能够执行的操作或具有的行为。

对象的状态由它的属性决定，而对象的行为则由它的方法定义。

通过面向对象编程，我们可以将现实世界中的事物抽象为对象，并利用对象的属性和方法来描述和模拟这些事物的状态和行为。这样可以使代码更加易于理解和维护，同时也提高了代码的可重用性和可扩展性。

3.2.2 矩阵

矩阵是一个按照长方阵列排列的复数或实数集合。在数学中，它最早来自方程组的系数及常数所构成的方阵。一般而言，所谓矩阵就是由一组数的全体，在括号（）内排列成 m 行 n 列（横的称行，纵的称列）的一个数表，并称它为 $m×n$ 阵。

一个 $m×n$ 的矩阵是一个由 m 行 n 列元素排列成的矩形阵列，矩阵里的元素可以是数字、符号或数学式。以下是一个由9个数构成的3行3列的矩阵：

$$\begin{pmatrix} 1 & 2 & 3 \\ 2 & 4 & 6 \\ 3 & 6 & 9 \end{pmatrix}$$

对于 $m×n$ 的矩阵，如果 $m=n$，则这样的矩阵叫作方阵，对于一般的矩阵，可以表示为：

$$A = \begin{pmatrix} a_{11} & a_{12} & \cdots & a_{1n} \\ a_{21} & a_{22} & \cdots & a_{2n} \\ \vdots & \vdots & & \vdots \\ a_{n1} & a_{m2} & \cdots & a_{mn} \end{pmatrix}$$

矩阵支持多种运算，包括加法、减法、数乘、矩阵乘法等。

矩阵的加法要求两个矩阵具有相同的维度，即 $m×n$ 矩阵只能与 $m×n$ 矩阵进行加法运算。

矩阵的乘法需要满足一定的条件，即第一个矩阵的列数必须与第二个矩阵的行数相同。

矩阵的应用广泛，涉及数学、物理学、工程学、计算机科学等多个领域。以下是对矩阵应用的一些分点表示和归纳：

（1）数学领域

线性代数：矩阵是线性代数中的核心概念，用于表示线性方程组、线性变换等。通过矩阵的运算，可以简化和加速计算过程。

数值分析：矩阵的运算是数值分析领域的重要问题。矩阵分解方法简化了理论和实际的计算，针对特定矩阵结构（如稀疏矩阵和近角矩阵）定制的算法在有限元方法和其他计算中加快了计算。

统计学：矩阵在统计学中扮演着重要角色，用于表示数据集中的多个变量，方便进行数据分析和模型推断。例如，矩阵可以用于主成分分析、因子分析、聚类分析等统计方法中。

（2）物理学领域

量子力学：在量子力学中，矩阵被用来表示作用在量子态上的算子，描述量子态的线性组合。

线性变换及对称：线性变换及其所对应的对称在现代物理学中有着重要的角色，如描述最轻的三种夸克时需要用到的盖尔曼矩阵。

几何光学：在几何光学中，矩阵被用于描述光线传播和变换的过程。

（3）工程学领域

控制系统设计：矩阵理论可以应用于控制系统的设计和分析中，如控制器的设计、系统的稳定性分析等。

电力系统分析：矩阵理论在电力系统的分析和优化中发挥作用，如电力负荷预测、电力系统的稳定性分析等。

通信系统设计：在通信系统的设计和分析中，矩阵理论用于信号处理、通信网络的优化等。

（4）计算机科学领域

图像处理：矩阵在图像处理领域有着广泛应用，如图像变换、图像滤波、图像压缩和特征提取等。通过矩阵运算，可以实现图像的平移、缩放、旋转、扭曲等操作，以及图像的平滑、锐化、边缘检测等效果。

机器学习：矩阵算法在机器学习中被广泛使用，如求解线性方程组、最优问题、概率论等。矩阵还用于模拟神经元之间的连接和神经网络的误差反向传播等。

计算机图形学：在计算机图形学中，矩阵用于表示线性变换，如旋转、缩放和投影等操作，从而实现三维动画效果。

（5）其他领域

经济学：在经济学中，矩阵用于表示和分析经济模型，如投入产出模型、一般均衡模型等。

生物学：在生物学中，矩阵用于表示基因表达数据、蛋白质相互作用网络等，从而进行生物信息学分析。

3.2.3 矢量化编程

矢量化编程是一种编程范式，它利用现代计算机处理器中的单指令多数据（single instruction multiple data，SIMD）指令集来同时处理多个数据元素。在 NumPy 中，这意味着你可以对整个数组（而不是单个数组元素）应用数学函数和操作。矢量编程是一种专门针对数组和矩阵进行操作的编程范式，使用矢量化方法来加速数值计算过程。这种方法允许程序员以更接近人类思维的方式编写代码，而不是依赖于传统的逐元素循环处理。矢量编程通过对整个数组或矩阵的单一操作来代替显式的循环，极大提高了执行效率和代码的可读性。

在矢量编程中，最核心的观点是利用高级抽象和数据并行性来简化复杂计算。一个典型的应用场景是数值分析、科学计算和数据科学领域，其中涉及大量的线性代数运算。通过使用矢量化库和函数，程序员能够编写出更简洁、更高效的代码。矢量化编程是提高算法速度的一种有效方法。为了提升特定数值运算操作（如矩阵相乘、矩阵相加、矩阵－向量乘法等）的速度。矢量化编程的思想就是尽量使用这些被高度优化的数值运算操作来实现我们的学习算法。

在矢量化编程中，数据通常以数组或类似数组的数据结构（如 NumPy 中的 ndarray）表示，这些数据结构允许对大量数据进行并行处理。矢量化操作通常通过调用库函数（如 NumPy 中的函数）来实现，这些库函数内部已经实现了高效的矢量化算法。

Python 的 NumPy 库是矢量化编程的绝佳工具，它允许以数组（即矩阵）为单位进行数学运算，而不是像传统编程那样逐个元素进行操作。这种矢量化编程方式可以极大地提高代码的执行效率，减少循环的使用，并简化代码。

3.2.4 矢量化编程应用

（1）数组运算

使用 NumPy，你可以轻松地对整个数组进行算术运算，如加法、减法、乘法、除法等。

```
import numpy as np
# 创建两个 NumPy 数组
a = np.array（[1，2，3，4]）
b = np.array（[5，6，7，8]）
# 对数组进行矢量化加法
c = a + b
print（c）# 输出：[ 6  8 10 12]
```

（2）矩阵运算

NumPy 还提供了许多用于线性代数的函数，如矩阵乘法和转置。

```
# 创建两个二维数组（矩阵）
A = np.array（[[1，2]，[3，4]]）
B = np.array（[[5，6]，[7，8]]）
# 对矩阵进行矢量化乘法
C = np.dot（A，B）# 或者使用 A @ B 在 Python 3.5+
print（C）
# 输出：
# [[19 22]
#  [43 50]]
```

（3）条件语句的矢量化

使用 NumPy 的布尔索引，你可以对整个数组应用条件语句。

```
# 创建一个 NumPy 数组
a = np.array（[1, 2, 3, 4, 5]）
# 使用条件语句选择大于 3 的元素
b = a[a > 3]
print（b）# 输出：[4 5]
```

（4）矢量化函数

NumPy 库提供了许多矢量化函数，如 np.sin()，np.cos()，np.exp() 等，它们可以应用于整个数组。

```
# 创建一个 NumPy 数组
x = np.array（[0, np.pi/2, np.pi, 3*np.pi/2]）
# 使用 np.sin 函数计算数组每个元素的正弦值
y = np.sin（x）
print（y）# 输出：[ 0.0  1.0  0.0 -1.0]
```

（5）矢量化编程的性能优势

矢量化编程的主要优势之一是性能。由于现代处理器可以并行处理多个数据元素，因此矢量化操作通常比传统的逐元素操作更快。在涉及大量数据的计算中，这种性能优势尤为明显。矢量编程相比传统的基于数值和字符的编程，具有以下几个优势：

1）可伸缩性：矢量编程使用矢量图形来描述数据和形状，这使得图像可以无损放大或缩小，不会失去清晰度。这在不同分辨率的屏幕上展示图形时非常有用。

2）精确度：矢量编程可以通过数学运算来定义和操作形状和图形，这使得对图形的控制更加精确。可以通过改变矢量的属性和操作来实现各种效果和变换。

3）可编辑性：矢量编程可以轻松地编辑和修改图形和形状，而不会损失原有的信息。可以通过修改矢量的属性和操作来改变形状、颜色、大小等，实现对图形的灵活控制。

4）多平台兼容性：矢量编程的文件格式通常是跨平台和兼容的，这意味着可以在不同的操作系统和软件中打开和编辑矢量图形。这使得矢量编程在多种平台和环境下都能得到广泛应用。

（6）矢量编程的应用领域

矢量编程可以应用于多个领域，包括但不限于：

1）科学计算和数值分析：矢量化编程在科学计算和数值分析领域具有广泛应用。它允许程序员以更简洁、更高效的方式编写涉及大量线性代数运算的代码，如矩阵乘法、向量加法和点积等。通过使用矢量化库和函数（如 Python 中的 NumPy 库），可以显著提高计算效率，减少代码量，并提高代码的可读性和可维护性。

2）数据处理和机器学习：在数据分析和机器学习领域，矢量化编程同样发挥了重要作用。通过对大规模数据集进行矢量化操作，可以加速数据预处理、特征提取和模型训练等过程。矢量化编程还可以简化复杂的数学运算，使算法更易于实现和调试。

3）信号处理和图像处理：在信号处理和图像处理领域，矢量化编程可以加速各种复杂的计算任务。例如，在图像处理中，可以使用矢量化操作对图像进行滤波、变换和特征提取等操作。这些操作通常需要处理大量的像素数据，而矢量化编程可以显著提高处理速度，降低计算成本。

4）物理模拟和工程计算：在物理模拟和工程计算中，矢量化编程同样具有应用价值。例如，在流体力学模拟中，可以使用矢量化操作来计算流体粒子的运动和相互作用。在有限元分析中,矢量化编程可以加速矩阵运算和方程求解过程。

5)游戏开发和 VR:在游戏开发和 VR 领域,矢量化编程可以提高渲染速度和物理模拟的实时性。通过对图形数据和物理数据进行矢量化操作,可以加速渲染管线中的各个环节,提高游戏画面的流畅度和真实感。

6)并行计算和分布式计算:矢量化编程与并行计算和分布式计算相结合,可以进一步提高计算效率。通过将矢量化操作分配给多个处理器或计算节点,可以充分利用计算资源,加速计算过程。同时,矢量化编程还可以降低并行化的难度和复杂性,使代码更易于编写和维护。

3.3 机器学习的数学基础

3.3.1 机器学习各类距离

(1)闵可夫斯基距离

闵可夫斯基距离(minkowski distance)是一种在实数向量空间中测量两个点之间距离的通用度量方式,它是多个距离度量公式的一种概括性表述,包括了一些常见的距离度量方法,如欧氏距离(euclidean distance)、曼哈顿距离(manhattan distance)和切比雪夫距离(chebyshev distance,或称为 L∞距离)。

其中 $X=(x_1,x_2,x_3,\cdots,x_n)$,$Y=(y_1,y_2,y_3,\cdots,y_n)$ 是两个实数变量,n 是向量的维度,p 是正整数,闵可夫斯基距离的一般形式定义为:

$$D(X,Y) = \left(\sum_{i=1}^{n}|x_i - y_i|^p\right)^{\frac{1}{p}}$$

当 p=1 时,为曼哈顿距离;

当 p=2 时,为欧氏距离;

当 p=∞ 时,为切比雪夫距离。

Python 实现闵可夫斯基距离的计算过程：

```
import numpy as np
def minkowski_distance（point1，point2，p）:
    #确保两个点具有相同的维度
    assert len（point1）==len（point2），"Points must have the same dimension"
    #计算两点之间的差的p次方，然后求和，最后取p次根
    distance = np.power（np.sum（np.abs（np.array（point1）- np.array（point2））**p），1/p）
    return distance
```

（2）欧氏距离

欧氏距离（euclidean distance）是一种在多维空间中常用的距离度量方法，用于测量两个点之间的直线距离。在二维或三维空间中，欧氏距离就是两点之间的实际距离。在更高维度的空间中，欧氏距离是两点之间所有坐标差的平方和的平方根。

二维空间的欧氏距离公式：

$$d = \sqrt{(x_1-x_2)^2+(y_1-y_2)^2}$$

三维空间的欧氏距离公式：

$$d = \sqrt{(x_1-x_2)^2+(y_1-y_2)^2+(z_1-z_2)^2}$$

n 维空间的欧氏距离公式：

$$d = \sqrt{(x_1-y_1)^2+(x_2-y_2)^2+\cdots+(x_n-y_n)^2}$$

Python 实现欧氏距离的计算过程：

```
import numpy as np
def euclidean_distance（point1，point2）:
    #确保两个点具有相同的维度
    assert len（point1）==len（point2），"Points must have the same
```

```
dimension"
    # 计算两点之间的差的平方和，然后取平方根
    distance = np.sqrt（np.sum（（np.array（point1）- np.array（point2））**2））
    return distance
# 示例
point1 = [1，2，3]
point2 = [4，5，6]
print（euclidean_distance（point1，point2））
```

（3）曼哈顿距离

曼哈顿距离（manhattan distance），又称为出租车距离或城市街区距离，是一种在几何度量空间中用于测量两个点之间距离的方法。计算公式：

二维平面上两个点 $A(x_1,y_1)$ 和 $B(x_2,y_2)$ 的曼哈顿距离为：

$$D = |x_1 - x_2| + |y_1 - y_2|$$

n 维平面向量 $A(x_{11},x_{12},\cdots,x_{1n})$ 和 $B(x_{21},x_{22},\cdots,x_{2n})$ 的曼哈顿距离为：

$$D_{12} = \sum_{k=1}^{n} |x_{1k} - x_{2k}|$$

Python 实现曼哈顿距离的计算过程：

```
import numpy as np
from scipy.spatial import distance
# 示例数组 A 和 B
A = np.array（[1，4，7]）
B = np.array（[2，5，8]）
# 方式一：直接构造公式计算
# 逐元素求差取绝对值后求和
dist1 = np.sum（np.abs（A - B））
print（f"方式一：曼哈顿距离 = {dist1}"）
# 方式二：内置线性代数函数计算
```

```
# np.linalg.norm 计算向量范数，ord=1 表示曼哈顿距离（一范数）
dist2 = np.linalg.norm（A - B，ord=1）
print（f"方式二：曼哈顿距离 = {dist2}"）
# 方式三：scipy 库计算
# scipy.spatial.distance.cityblock 计算曼哈顿距离
dist3 = distance.cityblock（A，B）
print（f"方式三：曼哈顿距离 = {dist3}"）
```

（4）切比雪夫距离

切比雪夫距离（chebyshev distance）是一种计算向量空间距离的常用距离，切比雪夫距离定义为两个点在各维度上坐标差值的绝对值的最大值。切比雪夫距离中两个点之间的距离定义是其各坐标数值差绝对值的最大值。

二维平面上两个点 $A(x_1,y_1)$ 和 $B(x_2,y_2)$ 的切比雪夫距离为：

$$d_{12} = \max(|x_1 - x_2|, |y_1 - y_2|)$$

n 维平面向量 $A(x_{11},x_{12},\cdots,x_{1n})$ 和 $B(x_{21},x_{22},\cdots,x_{2n})$ 的切比雪夫距离为：

$$d_{12} = \max(|x_{1i} - x_{2i}|)$$

Python 实现切比雪夫距离的计算过程：

```
import numpy as np
def chebyshev_distance（point1，point2）：
# 确保两个点具有相同的维度
 assert len（point1）== len（point2），"Points must have the same dimension"
# 计算两点之间差的绝对值，并找到其中的最大值
distance = np.max（np.abs（np.array（point1）- np.array（point2）））
return distance
# 示例
point1 = np.array（[1，2，3]）
point2 = np.array（[4，6，5]）
distance = chebyshev_distance（point1，point2）
print（f"The Chebyshev distance between {point1} and {point2} is {distance}"）
```

（5）夹角余弦距离

夹角余弦距离（也称为余弦相似度）是一种常用于衡量两个向量之间相似程度的距离度量。其基于的概念是通过计算两个向量的夹角余弦值来评估它们之间的相似性，值越大表示两个向量越相似。以下是对夹角余弦距离的详细解释：

二维平面上两个点 $A(x_1,y_1)$ 和 $B(x_2,y_2)$ 的夹角余弦公式：

$$\cos\theta = \frac{x_1 x_2 + y_1 y_2}{\sqrt{x_1^2 + y_1^2}\sqrt{x_2^2 + y_2^2}}$$

n 维平面向量 $A(x_{11},x_{12},\cdots,x_{1n})$ 和 $B(x_{21},x_{22},\cdots,x_{2n})$ 的夹角余弦公式：

$$\cos\theta = \frac{\sum_{k=1}^{n} x_{1k} x_{2k}}{\sqrt{\sum_{k=1}^{n} x_{1k}^2}\sqrt{\sum_{k=1}^{n} x_{2k}^2}}$$

Python 实现夹角余弦的计算过程：

```
import numpy as np
A = np.array（[7，8，9]）
B = np.array（[4，5，6]）
# 使用 NumPy 直接构造余弦相似度的公式
dot_product = np.dot（A，B）# 计算点积
norm_A = np.linalg.norm（A）# 计算 A 的范数（长度）
norm_B = np.linalg.norm（B）# 计算 B 的范数（长度）
# 计算余弦相似度
cosine_sim_method1 = dot_product /（norm_A * norm_B）
print（f"The cosine similarity（method 1）between A and B is {cosine_sim_method1}"）
```

（6）汉明距离

汉明距离是一种用于衡量两个等长字符串之间的距离（或差异）的度量方式，它表示两个等长字符串在相同位置上不同字符的数量。直观来说，将

一个字符串变换到另一个字符串所需要的最小替换、删除或插入操作的次数，就是这两个字符串之间的汉明距离。

假设有两个字符串分别为"010111"和"110011"，它们的汉明距离就是2。具体计算方式是：将两个字符串在同一位置上的字符进行比较，有2个位置的字符是不同的（即第一、四位置），因此它们之间的汉明距离是2。

Python实现汉明距离的计算过程：

```python
import numpy as np
def hamming_distance（A，B）：
# 确保两个数组等长
if len（A）!= len（B）：
raise ValueError（"Arrays must be of equal length"）
# 使用NumPy的广播功能来计算对应位置上不相等的元素个数
return np.sum（A != B）
A = np.array（[1，2，3]）
B = np.array（[4，5，6]）
# 使用自定义函数计算
dist1 = hamming_distance（A，B）
print（f"The 'hamming distance'（number of unequal elements）between A and B is {dist1}"）
```

（7）杰卡德相似系数

杰卡德相似系数（Jaccard similarity coefficient），即两个集合 A 和 B 的交集元素在 A、B 的并集中所占的比例，称为两个集合的杰卡德相似系数，比例符号 $J(A,B)$ 表示：

$$J(A,B) = \frac{|A \cup B| - |A \cap B|}{A \cup B}$$

Python实现杰卡德距离的计算过程：

```
from sklearn.metrics import jaccard_similarity_score
def jaccard_distance（set1，set2）：
return 1 - jaccard_similarity_score（set1，set2）
# 示例使用
set1 = {1，2，3}
set2 = {2，3，4}
distance = jaccard_distance（set1，set2）
print（f"Jaccard distance：{distance}"）
```

3.3.2 概率论

概率论是数学中的一个重要分支，主要研究随机现象、随机事件、随机变量以及随机过程等。以下是对概率论在高等数学中的介绍：

（1）基本概念

随机试验：具有可重复性、可知性、随机性特点的试验称为随机试验。

样本空间：一个试验 E 的所有可能的结果组成的集合。

样本点：样本空间中的元素，称为样本点。

随机事件：试验 E 的样本空间 S 的一个子集称为 E 的一个随机事件，简称为事件。

（2）概率的定义与性质

频率与概率：一个随机事件进行 n 次实验，发生的次数除以 n 就是发生的频率，当 n 足够大，频率趋于稳定，这时的频率就是事件发生的概率。

概率的性质：概率具有非负性、规范性、可列可加性。

（3）古典概型

定义：样本空间有限，每个样本点出现的概率均等。

特点：古典概型的概率也满足非负性、规范性、可列可加性。

（4）条件概率与独立性

条件概率：在 B 事件发生的情况下 A 事件发生的概率，记作 $P(A|B)=P(AB)/$

$P(B)$。

独立性：如果 $P(AB)=P(A)P(B)$，则称 A 和 B 独立。

（5）概率论的应用

统计学：概率论是统计学的基础，为统计学提供了一套理论框架和计算方法。

随机过程：随机过程与概率论有着密切的联系，因为随机过程通常可以用概率论来描述。

数理统计：数理统计中的许多方法都建立在概率论的基础上。

组合数学：许多组合问题都可以用概率论来解决。

金融工程：金融工程中的许多方法也建立在概率论的基础上。

3.3.3 向量

（1）向量的基本概念

定义：向量是指既有大小又有方向的量。在物理学中，力、速度、加速度、位移等都是向量的实例。

有向线段：向量可以用一条有向线段来表示，其中线段的长度代表向量的大小，箭头的方向代表向量的方向。

字母表示：向量也可以用一个小写字母（如 a、b、c）或两个大写字母（如 $\overrightarrow{AB}$，其中 A 为起点，B 为终点）来表示。

零向量：模等于零的向量，起点和终点重合，方向任意。

平行向量：方向相同或相反的非零向量称为平行向量，也叫共线向量。

相等向量：长度相等且方向相同的向量称为相等向量。

（2）向量的线性运算

1）向量的加法：

定义：两个或多个向量相加，结果仍是一个向量。

运算规则：满足交换律和结合律，即 $a + b = b + a$，$(a + b) + c = a + (b + c)$。

几何表示：平行四边形法则或三角形法则。

2）向量的减法：

定义：从一个向量中减去另一个向量，结果仍是一个向量。

运算规则：$\boldsymbol{b} - \boldsymbol{a} = \boldsymbol{b} + (-\boldsymbol{a})$，即加上反向的 $\boldsymbol{a}$ 向量。

3）向量与数的乘法（数乘）：

定义：一个数与一个向量相乘，结果是一个新的向量，其方向与原向量相同或相反，大小是原向量的数倍。

运算规则：满足结合律和分配律，即 $\lambda(\mu\boldsymbol{a}) = \mu(\lambda\boldsymbol{a}) = (\lambda\mu)\boldsymbol{a}$，$(\lambda+\mu)\boldsymbol{a} = \lambda\boldsymbol{a} + \mu\boldsymbol{a}$，$\lambda(\boldsymbol{a} + \boldsymbol{b}) = \lambda\boldsymbol{a} + \lambda\boldsymbol{b}$。

3.4 数据处理和可视化

3.4.1 **Pandas**

Pandas 是一个开源的数据分析和数据处理库，它是基于 Python 编程语言产生的。Pandas 提供了易于使用的数据结构和数据分析工具，特别适用于处理结构化数据，如表格型数据（类似于 Excel 表格）。Pandas 是数据科学和分析领域中常用的工具之一，它使得游客能够轻松地从各种数据源中导入数据，并对数据进行高效的操作和分析。

Pandas 提供了丰富的功能，包括：

1）数据清洗：处理缺失数据、重复数据等。

2）数据转换：改变数据的形状、结构或格式。

3）数据分析：进行统计分析、聚合、分组等。

4）数据可视化：通过整合 Matplotlib 和 Seaborn 等库，可以进行数据可视化。

（1）安装 Pandas

在开始之前，需要确保已经安装了 Python。然后，可以使用 pip 命令安装 Pandas：

```
# 安装 Pandas
pip install pandas
```

（2）导入 Pandas

在您的 Python 脚本或 PyCharm 中，首先需要导入 Pandas 库：

```
# 导入 Pandas 库
import pandas as pd
```

（3）创建数据结构

Pandas 主要有两种数据结构，即 Series（一维数组）和 DataFrame（二维表格）。

Series 是一个一维标签数组，能够保存任何数据类型（整数、字符串、浮点数、Python 对象等）。

DataFrame 是一个二维标签数据结构，可以看作是一个 Series 的容器。例如，创建一个 DataFrame：

```
import pandas as pd
# 创建一个字典
data = {'Name':['张三','李四','王五'],
'Age':[20, 21, 22],
'City':['北京','上海','重庆']}
# 从字典创建 DataFrame
df = pd.DataFrame(data)
# 显示 DataFrame
print(df)
```

（4）查看数据

可以使用以下命令来查看 DataFrame 的基本信息：

df.info（）：显示 DataFrame 的简要摘要，包括行数、列数、列名、非空值的数量、数据类型以及内存使用情况。

df.describe（）：对于数值列，提供计数、平均值、标准差、最小值、25%、50%、75% 分位数以及最大值。对于非数值列，这个方法会返回 NaN。

df.dtypes：返回 DataFrame 中每一列的数据类型。

df.shape：返回一个元组，表示 DataFrame 的行数和列数。

df.columns：返回一个 Index 对象，包含 DataFrame 的列名。

df.index：返回一个 Index 对象，表示 DataFrame 的行索引。

df.isnull（）或 df.isna（）：返回一个与原始 DataFrame 大小相同的 DataFrame，其中的元素是布尔值，表示原始 DataFrame 中对应位置的值是否为空（NaN）。

df.count（）：对于每一列，返回非空元素的数量。这类似于 df.info（）中显示的非空值数量，但返回一个 Series 对象。

df.memory_usage（）：返回 DataFrame 使用的内存量。可以传入参数 deep=True 来计算对象类型列中的对象占用的内存。

df.head（n）：返回 DataFrame 的前 n 行（默认是 5 行）。

df.tail（n）：返回 DataFrame 的最后 n 行（默认是 5 行）。

df.transpose（）或 df.T：返回 DataFrame 的转置，即行和列互换。

df.sample（n）：从 DataFrame 中随机返回 n 行。如果不指定 n，则返回一行。

（5）数据选择与索引

可以使用多种方式选择和索引 DataFrame 中的数据：

df['column_name']：选择一列。

df.loc[row_label, column_label]：通过标签选择数据。

df.iloc[row_index，column_index]：通过整数索引选择数据。

df.query（'ColumnName1 > value1 and ColumnName2 < value2'）：使用类似 SQL 的查询字符串来选择数据。

df.at[row_label，'ColumnName']：选择单个值。

df.nlargest（n，'ColumnName'）：选择 'ColumnName' 列中最大的 n 个元素。

（6）数据过滤

可以使用条件表达式来过滤 DataFrame 中的数据：

filtered_df = df[df['Age'] > 21]

（7）数据导入和导出

Pandas 支持多种文件格式的导入和导出：

CSV 文件：pd.read_csv（）和 df.to_csv（）

Excel 文件：pd.read_excel（）和 df.to_excel（）

HDF5 文件：pd.read_hdf（）和 df.to_hdf（）

JSON 文件：pd.read_json（）和 df.to_json（）

3.4.2 Numpy

NumPy（Numerical Python 的简称），是 Python 中功能强大的一个库，主要用于大规模数据计算、科学计算、矩阵运算、微积分和统计分析等。在机器学习算法 Scikit-learn、TensorFlow 等机器学习库中，NumPy 数组被广泛用于数据处理和特征工程；在图像处理时 NumPy 数组来存储和操作图像数据。

NumPy 主要用于数组计算，包含：

1）一个强大的 n 维数组对象 ndarray。

2）广播功能函数。

3）整合 C/C++/Fortran 代码的工具。

4）线性代数、傅里叶变换、随机数生成等功能。

（1）安装 NumPy

在开始之前，需要确保已经安装了 Python。然后，可以使用 pip 命令安装 NumPy：

```
# 安装 NumPy
pip install NumPy
```

（2）导入 NumPy

在 Python 脚本或 PyCharm 中，首先需要导入 NumPy 库：

```
# 导入 NumPy 库
import numpy as np
```

（3）创建数组

NumPy 中的数组对象称为 ndarray。可以使用 array（）函数创建一个 NumPy 的 ndarray 对象：

```
import numpy as np
arr = np.array（[1, 2, 3]）
```

（4）数组的索引

数组索引等同于访问数组元素，可以通过引用其索引号来访问数组元素。NumPy 数组中的索引以 0 开头，这意味着第一个元素的索引为 0，第二个元素的索引为 1，以此类推：

```
import numpy as np
arr0 = np.array（1）
arr1 = np.array（[1, 2, 3, 4]）
arr2 = np.array（[[1, 2, 3, 4], [1, 2, 3, 4], [1, 2, 3, 4]]）
arr3 = np.array（
[[[1, 2, 3, 4], [5, 6, 7, 8], [9, 10, 11, 12]],
[[1, 2, 3, 4], [5, 6, 7, 8], [9, 10, 11, 12]],
```

```
[[1, 2, 3, 4], [5, 6, 7, 8], [9, 10, 11, 12]]])
print（arr1[2]）
print（arr2[1, 3]）
print（arr3[1, 2, 3]）
```

（5）数组的裁切

Python 中裁切的意思是将元素从一个给定的索引带到另一个给定的索引，可以像这样传递切片而不是索引：[start : end : step]。

start：起始值，默认为 0。

end：终止值，默认为该维度内数组的长度。

step：步长，默认为 1。

```
import numpy as np
arr = np.array（[1, 2, 3, 4, 5, 6, 7]）
print（arr[1 : 5]）
print（arr[4 : ]）
print（arr[ : 4]）
print（arr[-3 : -1]）
print（arr[1 : 5 : 2]）
```

（6）NumPy 数学函数

NumPy 包含大量的各种数学运算的函数，包括三角函数，算术运算的函数，复数处理函数等。

NumPy 提供了标准的三角函数：sin（）、cos（）、tan（）。

numpy.around（）函数返回指定数字的四舍五入值。

numpy.floor（）返回小于或者等于指定表达式的最大整数，即向下取整。

numpy.ceil（）返回大于或者等于指定表达式的最小整数，即向上取整。

NumPy 算术函数包含简单的加减乘除：add（），subtract（），multiply（）

和 divide（）。

3.4.3 **Mtplotlib**

Matplotlib 是 Python 中用于绘图的库，它能让开发者很轻松地将数据图形化，并且提供多样化的输出方式。

Matplotlib 可以用来绘制各种静态、动态、交互式的图表。

Matplotlib 是一个非常强大的 Python 画图工具，我们可以使用该工具将很多数据通过图表的形式更直观地呈现出来。

Matplotlib 可以绘制线图、散点图、等高线图、条形图、柱状图、3D 图形、甚至是图形动画等。

（1）安装 Matplotlib

在开始之前，需要确保已经安装了 Python。然后，您可以使用 pip 命令安装 Matplotlib：

```
# 安装 matplotlib
pip install matplotlib
```

（2）导入 Matplotlib

在 Python 脚本或 PyCharm 中，导入 matplotlib 库：

```
# 导入 matplotlib 库
import matplotlib
```

（3）Matplotlib Pyplot

Pyplot 是 Matplotlib 的子库，提供了和 MATLAB 类似的绘图 API。Pyplot 是常用的绘图模块，能很方便地让游客绘制 2D 图表。Pyplot 包含一系列绘图函数的相关函数，每个函数会对当前的图像进行一些修改，例如：给图像加上标记，生新的图像，在图像中产生新的绘图区域等。

```
import matplotlib.pyplot as plt
```

以下是一些常用的 pyplot 函数：

plot（）：用于绘制线图和散点图。

scatter（）：用于绘制散点图。

bar（）：用于绘制垂直条形图和水平条形图。

hist（）：用于绘制直方图。

pie（）：用于绘制饼图。

imshow（）：用于绘制图像。

subplots（）：用于创建子图。

（4）Matplotlib 绘制多图

可以使用 Pyplot 中的 subplot（）和 subplots（）方法来绘制多个子图。

subplot（）方法在绘图时需要指定位置，subplots（）方法可以一次生成多个，在调用时只需要调用生成对象的 ax 即可。

（5）Matplotlib 中文显示

Matplotlib 默认的字体设置不支持中文字符。这是因为 Matplotlib 默认使用的字体是不包含中文字符的字体，因此当我们尝试显示中文字符时，就会产生乱码。

```
import matplotlib.pyplot as plt
from matplotlib.font_manager import FontProperties
font = FontProperties（fname='/usr/share/fonts/truetype/simhei.ttf', size=14）# 设置中文字体
plt.plot（[1, 2, 3, 4], [1, 4, 9, 16]）
plt.xlabel（'横轴', fontproperties=font）# 使用中文字体显示横轴标签
plt.ylabel（'纵轴', fontproperties=font）# 使用中文字体显示纵轴标签
plt.show（）
```

3.4.4 Scipy

SciPy 是一个开源的 Python 算法库和数学工具包。

Scipy 是基于 Numpy 的科学计算库，用于数学、科学、工程学等领域，很多有一些高阶抽象和物理模型需要使用 Scipy。

SciPy 包含的模块有最优化、线性代数、积分、插值、特殊函数、快速傅里叶变换、信号处理和图像处理、常微分方程求解和其他科学与工程中常用的计算。

（1）安装 Scipy

在开始之前，需要确保已经安装了 Python。然后，您可以使用 pip 命令安装 Scipy：

```
# 安装 scipy
pip install scipy
```

（2）导入 Scipy

在您的 Python 脚本或 PyCharm 中，首先需要导入 Scipy 库：

```
# 导入 scipy 库
import scipy
```

（3）SciPy 模块列表

下列出了 SciPy 常用的一些模块：

scipy.cluster：向量量化。

scipy.constants：数学常量。

scipy.integrate：积分。

scipy.misc：图像处理。

scipy.sparse：稀疏矩阵。

scipy.stats：统计函数。

3.4.5 Scikit-Learn

Scikit-learn 是目前机器学习领域最完整,同时也是最具影响力的算法库。它基于 Numpy、Scipy 和 Matplotlib,包含了大量的机器学习算法实现,包括分类、回归、聚类和降维等,还包含了诸多模型评估及选择的方法。Scikit-learn 的 API 设计得非常清晰,易于使用和理解,适合于新手入门,同时也满足了专业人士在实际问题解决中的需求。

Scikit-learn 具有以下特点:

1)简单高效的数据挖掘和数据分析工具。

2)让每个人能够在复杂环境中重复使用。

3)建立在 NumPy、Scipy、Matplotlib 之上。

Scikit-learn 主要包括以下六大模块:

(1)分类:识别某个对象属于哪个类别

算法:KNN、随机森林、逻辑回归、朴素贝叶斯等。

应用:垃圾邮件检测、图像识别等。

(2)回归:预测与对象相关联的连续值属性

算法:线性回归、Lasso 回归、决策树回归、随机森林回归、XGboost 回归。

应用:房价预测、时间序列预测。

(3)聚类:将相似对象自动分组

算法:K-means、spectral clustering、mean-shift、基于层次聚类、基于密度聚类。

应用:客户细分,将数据分成相似的组。

(4)降维:减少要考虑的随机变量的数量

算法:因子分析 PCA、ICA、LDA,属性降维。

应用:可视化;减少数据的特征维度,以简化问题并提高计算效率。

(5)模型选择:比较、验证、选择参数和模型

模型:Metrics Scoring 模型得分、Grid search 网格搜索、Cross Validation 交叉验证、Hyper-Parameters 超参数选择、Validation curves 模型验证曲线。

目标:通过参数调整提高精度。

(6)数据预处理:特征选择,特征提取和归一化

算法:Standardization 标准化、Scaling Features 归一化、Non-linear transformation 非线性转化、Gaussian distribution 高斯分布转化、Normalization 正则化、Encoding categorical features 类别性编码处理。

应用:把输入数据转换为机器学习算法可用的数据。

Scikit-learn 的操作程度如下:

安装 Scikit-learn:

```
pip install scikit-learn
```

导入 Scikit-learn:

```
import sklearn
print(sklearn.__version__)
```

示例:

```
from sklearn import datasets# 引入数据集,sklearn 包含众多数据集
from sklearn.model_selection import train_test_split# 将数据分为测试集和训练集
from sklearn.neighbors import KNeighborsClassifier# 利用邻近点方式训练数据
from sklearn.metrics import accuracy_score, classification_report
```

3.4.6 TensorFlow

TensorFlow 是一种采用数据流图(dataflow graph)来表示机器学习模型,用于数值计算和描述模型的计算过程。TensorFlow 的命名分为 Tensor(张

量）意味着 n 维数组，Flow（流）意味着基于数据流图的计算。TensorFlow 运行过程就是张量从图的一端流动到另一端的计算过程。

（1）安装 TensorFlow（Windows）

在安装 Python 和安装 anaconda 后，安装安装 TensorFlow，使用 pip 安装：打开命令提示符（CMD）或 PowerShell。

如果您使用的是 Anaconda，也可以打开 Anaconda Prompt。输入以下命令来安装 TensorFlow 的 CPU 版本：

```
pip install tensorflow
# 安装支持 GPU 的 TensorFlow 版本
pip install tensorflow-gpu
```

接着进行验证安装。在 Python 环境中，输入以下命令来验证 TensorFlow 是否已正确安装：

```
import tensorflow as tf
print(tf.__version__)
```

如果输出显示了 TensorFlow 的版本号，则说明安装成功。（可选）如果您安装了 GPU 版本的 TensorFlow，并且想检查 GPU 是否可用，可以运行以下命令：

```
print(tf.config.list_physical_devices('GPU'))
```

如果输出了您的 GPU 信息，则说明 TensorFlow 已正确识别并使用了 GPU。

（2）安装 TensorFlow（Linux）

TensorFlow 支持多种 Linux 发行版，但建议使用 Ubuntu 16.04 LTS 或更高版本，因为它们包含了 TensorFlow 所需的大部分依赖项。Python 版本：TensorFlow 支持 Python 3.5 至 3.10 之间的版本（具体版本可能因 TensorFlow 版本而异）。请确保您的系统已安装 Python，并且版本与 TensorFlow 兼容。

安装 TensorFlow 时，使用 pip 安装：

```
# 安装 TensorFlow 的 CPU 版本：
pip3 install tensorflow
```

安装支持 GPU 的 TensorFlow 版本：

```
# 使用以下命令安装 TensorFlow 的 GPU 版本
pip3 install tensorflow-gpu
```

验证安装：

```
import tensorflow as tf
print（tf.__version__）
```

如果成功打印出 TensorFlow 的版本号，则表示安装成功。

第4章 机器学习在智慧旅游中的实践

4.1 分类

4.1.1 K-邻近算法

（1）概述

K-邻近算法（K-Nearest Neighbor，简称KNN），简单地说就是"物以类聚"，也就是将新的还没有被分类的点分类为周围的点中大多数属于的类。它采用测量不同特征值之间的距离方法进行分类，KNN原则很简单：如果一个样本的特征空间中最为临近的K个点大多数属于某一个类，那么该样本就属于这个类。当然，实际中，不同的K取值会影响到分类效果，并且在K个临近点的选择中，都不加意外地认为这K个点都是已经分类好的了，否则该算法也就失去了物以类聚的意义了。可以看出，对待新样本的分类，需要大量已知分类的训练样本来支持，因此KNN算法是一种监督学习算法。

算法描述：

1）计算对于给定的当前点（也称为查询点或测试点），它与已知类别数据集合（训练集）中每个点的距离。

2）按照距离递增次序排序。

3）选取与当前点距离最近的K个点。

4）对于这K个近邻，确定距离最近的前K个点所在类别的出现频率。

5）选择出现频率最高的类别作为当前点的预测分类，返回距离最近的前 K 个点中频率最高的类别作为当前点的预测分类。

（2）K- 邻近算法原理

先举一个 K- 邻近算法的例子，如图 4-1 所示。

K- 近邻分类算法选取 K 个样本对第 $K+1$ 个样本进行分类，当 $K=5$ 的时候，存在 3 个类别 2，2 个类别 1，当有新增实例时可以判断新增实例属于类别 1 还是类别 2。

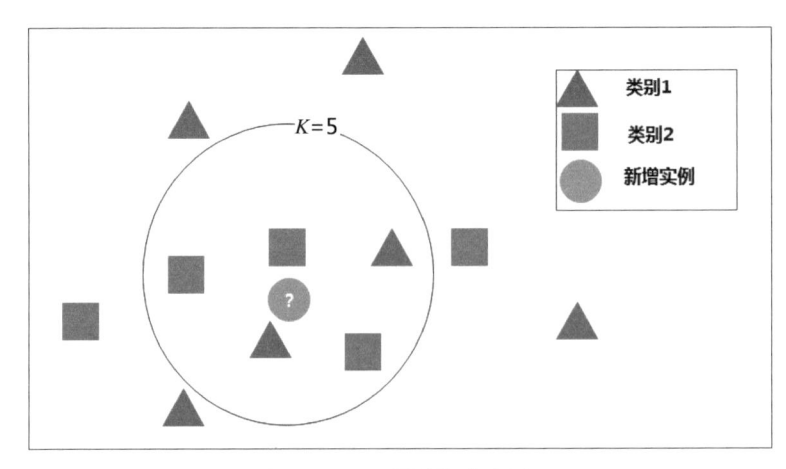

图 4-1　K- 邻近算法案例

综上，K- 邻近算法有以下几个要素：

1）数据集：数据集也就是一个包含大量样本的数据集合，通常也称为训练集，数据集中的每个样本都是有标签的，也就是我们能够明确每一个样本的具体分类。当有一个新的没有标签的待分类的样本时，将它与样本集进行比较，找到与当前样本最为相近的 K 个样本，并获取这 K 个样本的标签，最后选择 K 个样本标签中出现最多的分类。

2）样本的向量表示：由于计算机无法直接处理文字和数据，这就需要对数据进行一定化的处理，这时就需要进行样本的向量化表示。样本的向量化表示也构建了问题的解空间，能够更好地表示样本的每一个特征，向量的每一个维度。表示样本的一个特征，必须通过量化，才能够进行计算比较。

3）样本间距离的计算：为了对样本进行量化，这就需要进行样本间距离计算。常用的样本间距离的计算方法包括欧氏距离、余弦距离、汉明距离、曼哈顿距离等。

4）K值的选取：K-近邻分类算法中K值是一个自定义的常量，也是一个可以动态变化的参数，K值的选取会影响要分类样本的分类结果，会影响算法的偏差与方差。

5）偏差：K-近邻分类算法模型输出值与真实值之间的差异。偏差越高说明算法的准确性越低，也就是数据越容易欠拟合（underfitting），表明未能充分利用数据中的有效信息。

6）方差：方差是用来评价K-近邻分类算法准确性的一个指标，理想情况下得到的方差为0，但是因为数据集和K值的选择，通常情况下方差很少是0。方差越高，越容易过拟合（overfiiting），对噪声越敏感。

7）K值较小：K值较小也就是意味着整体模型变得复杂，极端情况下如果$K=1$，那么待分类的样本将被简单地归类为离它最近的样本所属的类别，这很容易受到噪声或异常点的影响。同时，当K值较小时，模型会变得更加复杂，可能导致模型过拟合，影响分类的准确性。

8）K值较大：K值较大也就是意味着整体模型变得简单，极端情况下，K值等于样本的数量，那么每次选举肯定都是训练数据中多的类别胜利，显然训练数据的系统性偏差会影响结果。当K值较大时，模型会变得更加简单，可能导致模型欠拟合，分类结果可能会更加平滑，但也可能失去一些重要的局部信息。K值较大还存在使用较多的样本进行预测，可能导致预测结果偏向于训练数据集中最常见的类别，而忽略了其他类别。

9）交叉验证法：K-近邻分类算法一般采用交叉验证法进行K值的选择和确定，通过将原始数据分为不同的子集（通常称"训练集/验证集"），并多次训练和验证模型来实现选择最优的 K 值。

（3）K- 邻近算法 Python 实现

Python3 代码如下：

```python
# 示例数据
from sklearn.datasets import load_iris
from sklearn.model_selection import train_test_split
from sklearn.preprocessing import StandardScaler
from sklearn.metrics import accuracy_score
iris = load_iris()
X = iris.data
y = iris.target
# 数据预处理：标准化
scaler = StandardScaler()
X = scaler.fit_transform(X)
# 划分数据集
X_train, X_test, y_train, y_test = train_test_split(X, y, test_size=0.2, random_state=42)
# 实例化并训练 k-NN 分类器
knn = KNN(k=3)
knn.fit(X_train, y_train)
# 预测
y_pred = knn.predict(X_test)
# 计算准确率
print("Accuracy : ", accuracy_score(y_test, y_pred))
```

（4）K- 邻近算法在智慧旅游中的应用

K- 邻近算法在智慧旅游中的应用体现在多个方面，其原理基于样本之间的距离来进行分类或预测，使得它在处理与旅游相关的多种问题时具有优势。以下是 K- 邻近算法在智慧旅游中的一些具体应用：

1）旅游推荐系统：类似于电影推荐系统，K- 邻近算法可以根据游客的历史旅游记录、偏好和评分，找到与其兴趣相似的其他游客，并基于这些相似游客的旅游记录和评分来推荐新的旅游景点、酒店或旅游活动。通过分析游客的行为数据（如浏览记录、搜索记录、购买记录等），K-邻近算法可以帮助旅游平台提供更个性化的推荐服务，提高游客的满意度和忠诚度。

2）交通拥堵预测：在智慧旅游中，交通拥堵预测是一个重要的问题。K-邻近算法可以根据历史交通数据（如车流量、时间、天气等）来预测未来某个时刻某个路段的拥堵程度。这对于游客的行程规划、旅游体验以及旅游企业的运营都具有重要意义。通过准确的交通拥堵预测，可以为游客提供更加顺畅的旅游体验，同时为旅游企业优化运营策略提供参考。

3）旅游目的地选择：K-邻近算法可以帮助游客基于他们的旅游偏好（如风景类型、文化氛围、气候等）和预算，从众多旅游目的地中选择最适合他们的选项。通过分析大量游客的旅游数据和评价，K-邻近算法可以找到与游客偏好最匹配的旅游目的地，为游客提供更加精准的目的地推荐。

4）旅游服务优化：K-邻近算法可以用于分析游客对旅游服务的评价和反馈，从而帮助旅游企业识别服务中的不足和改进方向。通过比较不同游客对同一服务的评价，K-邻近算法可以找到影响游客满意度的关键因素，为旅游企业优化服务提供数据支持。

5）旅游市场细分：K-邻近算法可以对旅游市场进行细分，帮助旅游经营者识别不同游客群体的特征情况和需求。通过将游客划分为不同的细分市场，旅游企业可以更加精准地制定市场营销策略和产品策略，提高市场竞争力。

6）旅游风险管理：在旅游过程中，游客可能面临各种风险，如天气突变、交通事故、不良商家等。K-邻近算法可以根据历史数据和实时数据来预测这些风险的发生概率和影响程度。这有助于涉旅经营者和游客提前做好准备和应对措施，降低旅游风险对游客体验和企业运营的影响。

4.1.2 决策树

(1) 概述

决策树算法通过采用递归的方法将数据集分为更小的子集构建一个树形结构，其中每个节点代表一个特征的测试，分支代表测试结果，叶子节点代表最终的分类或回归结果。决策树又称判断树，它是一种以树形数据结构来展示决策规则和分类结果的模型，作为一种归纳学习算法，一种用于分类和回归任务的非参数监督学习算法。

```
构建分类树（训练集，特征名列表）：
停止条件1：训练集中的目标变量只有一种，返回目标变量
停止条件2：特征变量都用完了，返回频数最高的目标变量
找出划分训练集能最大降低香浓熵的最优特征
特征名列表去除最优
创造key为特征value为空字典的树字典
for 特征的值 in 特征：
用指定的特征，特征的值来划分训练集，并得到划分后的训练集
空字典的key为特征的值,value = 构建决策数（划分后的训练集，特征名列表）
return 树字典
找出最优特征（训练集）：
for 特征 in 训练集：
for 特征值 in 特征：
通过特征的值水平方向划分训练集
求出划分后的所有训练集的信息增益
找出最大的信息增益，确定特征
return 特征
划分训练集（训练集，特征，目标值）：
通过特征水平方向划分训练集
选出特征值为目标值得训练集子集
return 子集
计算香农熵（训练集）：
```

计算所有分类的频数
for 分类 in 分类集合：
    香浓熵 = - 分类概率 * log（分类概率，2）
求和所有分类的香浓熵
return 总的香农熵
分类器（树字典，特征名列表，测试样本）：
找到树字典的根节点对应的特征
用测试样本对应的特征值找到分支
获取对应的字典 value
停止条件：value 不为字段，返回 value 值
if value 为字典：
    叶节点 = 分类器（value，特征名列表，测试样本）
return 叶节点

决策树算法是一个预测模型，可以表示对象属性与对象值之间的一种映射关系。决策树中每个叶子节点表示某个对象，而每个分叉路径则代表的某个对象可能的属性值。

（2）决策树算法原理

决策树的算法原理见图 4-2：

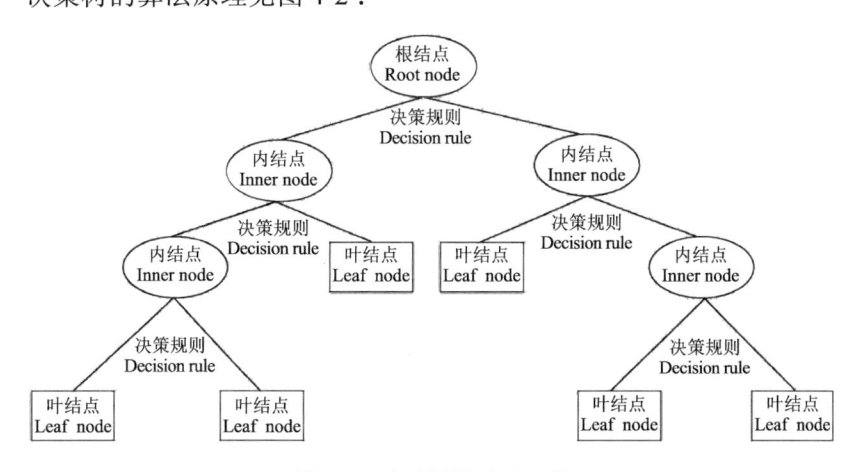

图 4-2　决策树算法原理图

1）从根节点开始，选择最佳的分裂特征，将数据集划分成两个子集。

2）对每个子集递归地重复这个过程，直到满足停止条件，如节点中的样本数量小于阈值，或者树的深度达到预先设定的最大深度。

3）最终形成一棵完整的决策树。

（3）决策树算法 Python 实现

决策树算法在 Python 中的实现过程：

```
from sklearn.datasets import load_iris
from sklearn.model_selection import train_test_split
from sklearn.tree import DecisionTreeClassifier
from sklearn.metrics import accuracy_score
# 加载鸢尾花数据集
iris = load_iris（）
X = iris.data
y = iris.target
# 划分数据集为训练集和测试集
X_train, X_test, y_train, y_test = train_test_split（X, y, test_size=0.2, random_state=42）
# 实例化决策树分类器
clf = DecisionTreeClassifier（random_state=42）
# 训练模型
clf.fit（X_train, y_train）
# 预测测试集
y_pred = clf.predict（X_test）
# 计算准确率
print（"Accuracy：", accuracy_score（y_test, y_pred））
```

（4）决策树算法在智慧旅游中的应用

在智慧旅游中，决策树算法的应用为游客提供了更加科学、客观的旅游决策支持。通过构建分类树模型，游客可以基于景区人数、天气、交通、票价等多个因素，对是否进行旅游活动作出更为合理的判断，如图4-3所示。以分类树模型为例，游客可以输入景区人数是否拥挤、天气是否适宜、交通是否便利、票价是否合适等关键信息。决策树算法会根据这些输入信息，以及模型在训练过程中学习到的历史数据和规律，自动进行推理和判断。在决策树中，每个节点代表一个决策条件，如"景区人数是否拥挤"；每个分支代表一个可能的决策结果，如"是"或"否"；而叶子节点则代表最终的决策结果，即是否去旅游。通过这种方式，决策树算法能够系统地分析各种因素，并给出最符合实际情况的决策建议。与传统的旅游决策方式相比，决策树算法能够避免个人情感因素的干扰，更加客观、科学地评估旅游条件。同时，由于决策树模型具有直观、易懂的特点，游客可以清晰地了解每个决策条件对最终结果的影响程度，从而更加自信地作出决策。

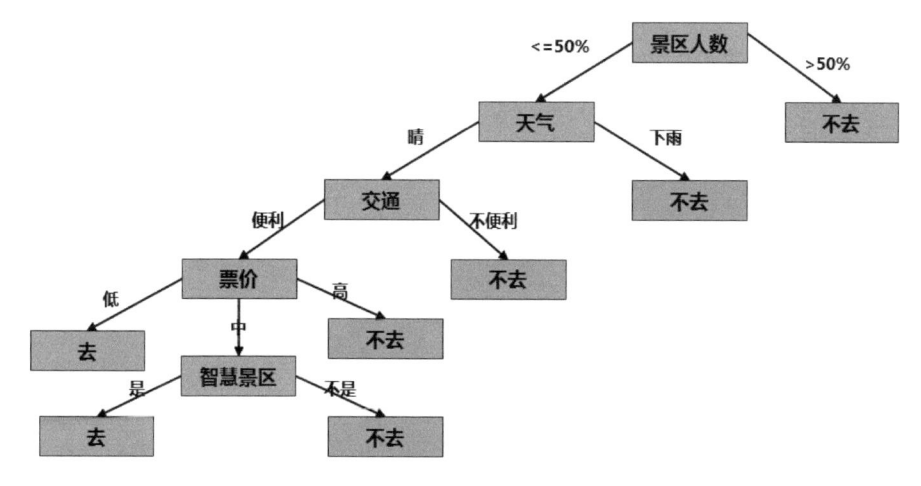

图4-3 决策树算法在智慧旅游中的应用

4.1.3 贝叶斯算法

（1）概述

贝叶斯算法是基于贝叶斯定理与特征条件独立性假设的分类方法。在贝叶斯算法中，根据已知样本的分类概率来计算新的某个类别的概率，该算法通过计算后验概率来实现分类，即给定样本特征 X 下，样本属于某个类别 Y

的概率 $P(Y|X)$。

（2）贝叶斯算法原理

贝叶斯分类算法是基于对某一事件证据的认识来预测该事件的发生概率，是一种概率分类算法，由结果推测原因的概率大小。

$$P(A|B) = \frac{P(B|A)P(A)}{P(B)}$$

$$P(B_i|A) = \frac{P(B_i)P(A|B_i)}{\sum_{j=1}^{n} P(B_j)P(A|B_j)}$$

通过对训练数据集进行归纳分析得到分类器，然后对测试数据集进行分类。贝叶斯分类器根据最大概率判别对象的类别，它的检测正确率较高，过程见图4-4。

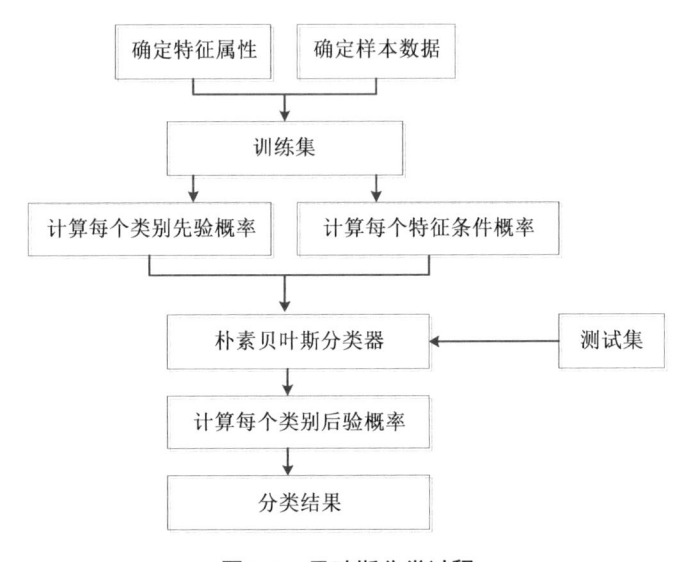

图4-4 贝叶斯分类过程

贝叶斯分类算法是基于对某一事件证据的认识来预测该事件的发生概率，是一种概率分类算法，由结果推测原因的概率大小。基于朴素贝叶斯算法的旅游评价情感分类核心是贝叶斯分类器，采用贝叶斯公式计算相应的后验概率，选择最大后延概率中的类别作为要判断事件的所属类。

$$P(AB) = P(BA) \tag{4-1}$$

$$P(A|B) = \frac{P(AB)}{P(B)} \tag{4-2}$$

$$P(B|A) = \frac{P(BA)}{P(A)} \tag{4-3}$$

由上述式子（4-1）、（4-2）、（4-3）可以推导出：

$$P(A|B)P(B) = P(B|A)P(A) \tag{4-4}$$

则：

$$P(A|B) = \frac{P(B|A)P(A)}{P(B)} \tag{4-5}$$

其中：$P(A|B)$ 表示在 B 条件下 A 发生的概率，即事件 A 在另一个事件 B 已经发生条件下的发生概率。$P(A|B)$ 表示事件 A、B 同时发生的概率，也称为联合概率。表示共同发生的概率。$P(B)$ 表示事件 B 发生的概率。A、B 都发生的概率就是 B 发生的概率乘以 B 发生情况下 A 发生的概率，也就是 $P(AB) = P(A|B)P(B)$。

如果事件组 B_1，B_2，B_3，…，B_i 满足两两互斥，且 $P(B_i) > 0$，$i=1,2,3,…,n$，且同时满足 $B_1 \cup B_2 \cup B_3 \cup … \cup B_n = \Omega$，则称事件组 B_1，B_2，B_3，…，B_n 是样本空间 Ω 的一个划分。A 为任一事件，则

$$P(A) = \sum_{i=1}^{\infty} P(B_i) P(A|B_i) \tag{6}$$

$$P(B_i|A) = \frac{P(B_i) P(A|B_i)}{\sum_{j=1}^{n} P(B_j) P(A|B_j)} \tag{7}$$

则满足最大后验概率 A 对应 B 中的类别为：

$$c = \arg \max P(B_i|A)，i=1，2，3，…，n \tag{8}$$

（3）贝叶斯算法 Python 实现

贝叶斯算法在 Python 中的实现过程：

```
from sklearn.datasets import fetch_20newsgroups
from sklearn.model_selection import train_test_split
from sklearn.feature_extraction.text import CountVectorizer
from sklearn.naive_bayes import MultinomialNB
from sklearn.metrics import accuracy_score
# 加载数据集
newsgroups_train = fetch_20newsgroups（subset='train'）
X_train, X_test = train_test_split（newsgroups_train.data, newsgroups_train.target, test_size=0.2, random_state=42）
# 文本特征提取（词频统计）
vectorizer = CountVectorizer（）
X_train_counts = vectorizer.fit_transform（X_train）
X_test_counts = vectorizer.transform（X_test）
# 实例化朴素贝叶斯分类器
clf = MultinomialNB（）
# 训练模型
clf.fit（X_train_counts, newsgroups_train.target）
# 预测测试集
y_pred = clf.predict（X_test_counts）
# 计算准确率
print（"Accuracy：", accuracy_score（newsgroups_train.target_names[newsgroups_train.target[X_test]], y_pred））
# 注意：由于数据集较大，上述代码可能需要一些时间运行
```

（4）贝叶斯算法在智慧旅游中的应用

贝叶斯算法在智慧旅游中的应用案例广泛，其基于概率统计的特性使得它能够有效地处理旅游数据中的不确定性，并提供个性化的推荐和预测。以下是一些具体的应用案例：

1）旅游景点推荐：基于贝叶斯算法可以根据游客的旅游历史、偏好和行为数据，建立游客兴趣模型。通过对游客兴趣模型的分析，结合旅游景点

的特征信息，使用朴素贝叶斯分类器预测游客可能感兴趣的景点。例如，如果一个游客过去喜欢山水风景和古迹，系统可以推荐类似特征的景点。

2）旅游行为预测：贝叶斯算法可以用于预测游客的旅游行为，如是否预订某个酒店、是否购买某个旅游套餐等。通过收集和分析游客的历史旅游数据，建立游客行为模型，并使用贝叶斯网络分析游客的行为模式。智慧旅游信息化系统可以根据游客的实时数据和模型预测结果，为游客提供个性化的预测服务。

3）旅游风险评估：贝叶斯算法可以用于评估旅游行程中的风险，如天气变化、交通状况等。系统可以根据历史数据和实时数据，建立风险评估模型，并使用贝叶斯算法计算风险发生的概率。游客可以根据风险评估结果，调整旅游计划或采取相应的预防措施。

4）旅游市场细分：贝叶斯算法可以用于旅游市场的细分，帮助旅游企业识别不同的客户群体和市场需求。通过分析游客的旅游数据和行为特征，系统可以使用贝叶斯算法构建游客画像，并将游客划分为不同的细分市场。旅游企业可以根据不同细分市场的需求和特点，制定不同的营销策略和产品策略。

5）智慧旅游推荐系统：贝叶斯算法可以与其他技术结合，构建智慧旅游推荐系统。系统可以根据游客的实时位置、时间、天气等信息，结合游客的兴趣和行为数据，使用贝叶斯算法推荐附近的旅游景点、餐厅、酒店等。智慧旅游推荐系统可以为游客提供更加便捷、个性化的旅游体验。

4.2 聚类

聚类算法是典型的无监督学习算法，主要用于将相似的样本自动归到一个类别中。在聚类算法中根据样本之间的相似性，将样本划分到不同的类别中,对于不同的相似度计算方法,会得到不同的聚类结果,常用的相似度计算方法有欧式距离法。

4.2.1 k-Means 算法

(1) 概述

k-Means 算法是聚类算法中一个非常基础的算法,同时应用又非常广泛,下面 ShowMeAI 给大家展开讲解算法原理。

我们提到了聚类算法要把 n 个数据点按照分布分成 k 类(很多算法的 k 是人为提前设定的)。我们希望通过聚类算法得到 k 个中心点,以及每个数据点属于哪个中心点的划分。

中心点可以通过迭代算法来找到,满足条件:所有的数据点到聚类中心的距离之和是最小的。

中心点确定后,每个数据点属于离它最近的中心点。

在进入"如何寻找中心点"这个核心问题之前,我们先解决几个小问题:

k-Means 算法又名 k 均值算法,k-Means 算法中的 k 表示的是聚类为 k 个簇,Means 代表取每一个聚类中数据值的均值作为该簇的中心,或者称为质心,即用每一个的类的质心对该簇进行描述。

其算法思想大致为:先从样本集中随机选取 k 个样本作为簇中心,并计算所有样本与这 k 个"簇中心"的距离,对于每一个样本,将其划分到与其距离最近的"簇中心"所在的簇中,对于新的簇计算各个簇的新的"簇中心"。

根据以上描述,我们大致可以猜测到实现 k-Means 算法的主要四点:

1)簇个数 k 的选择;

2)各个样本点到"簇中心"的距离;

3)根据新划分的簇,更新"簇中心";

4)重复上述 2)、3)过程,直至"簇中心"没有移动。

（2）算法原理

1）Step1：k 值的选择。k 的选择一般是按照实际需求进行决定，或在实现算法时直接给定 k 值。说明：① 质心数量由游客给出，记为 k，k-Means 最终得到的簇数量也是 k；② 后来每次更新的质心的个数都和初始 k 值相等；③ k-Means 最后聚类的簇个数和游客指定的质心个数相等，一个质心对应一个簇，每个样本只聚类到一个簇里面；④ 初始簇为空。

2）Step2：距离度量。将对象点分到距离聚类中心最近的那个簇中需要最近邻的度量策略，在欧式空间中采用的是欧式距离，在处理文档中采用的是余弦相似度函数，有时候也采用曼哈顿距离作为度量，不同的情况使用的度量公式是不同的，说明：① 经过 step2，得到 k 个新的簇，每个样本都被分到 k 个簇中的某一个簇；② 得到 k 个新的簇后，当前的质心就会失效，需要计算每个新簇的自己的新质心。

3）Step3：新质心的计算。对于分类后的产生的 k 个簇，分别计算到簇内其他点距离均值最小的点作为质心（对于拥有坐标的簇可以计算每个簇坐标的均值作为质心），说明：① 比如一个新簇有 3 个样本，如 [1，4]、[2，5]、[3，6]，得到此簇的新质心 =[（1+2+3）/3，（4+5+6）/3]；② 经过 step3，会得到 k 个新的质心，作为 step2 中使用的质心。

4）Step4：是否停止 k-Mcans。质心不再改变，或给定 loop 最大次数 loopLimit，说明：① 当每个簇的质心，不再改变时就可以停止 k-Menas；② 当 loop 次数超过 looLimit 时，停止 k-Means；③ 只需要满足两者的其中一个条件，就可以停止 k-Means；④ 如果 Step4 没有结束 k-Means，就再执行 step2—step3—step4；⑤ 如果 Step4 结束了 k-Means，则就打印（或绘制）簇以及质心。

（3）k-Means 算法 Python 实现

k-Means 算法在 Python 中的实现过程：

```
from sklearn.cluster import KMeans
import numpy as np
import matplotlib.pyplot as plt
# 创建一个随机的二维数据集
np.random.seed（0）# 为了结果的可复现性
X = np.random.rand（100, 2）# 100 个样本点，每个样本点有两个特征
# 初始化 KMeans，设置聚类数量为 3
kmeans = KMeans（n_clusters=3, random_state=0）
# 使用 KMeans 进行拟合和预测
kmeans.fit（X）
labels = kmeans.predict（X）
# 绘制结果
plt.scatter（X[：, 0], X[：, 1], c=labels, s=50, cmap='viridis'）
# 绘制聚类中心
centers = kmeans.cluster_centers_
plt.scatter（centers[：, 0], centers[：, 1], c='black', s=200, alpha=0.5）;
plt.title（"K-means clustering"）
plt.xlabel（"Feature 1"）
plt.ylabel（"Feature 2"）
plt.show（）
```

（4）k-Means 算法在智慧旅游中的应用

k-Means 算法在智慧旅游中的应用主要体现在对旅游数据的聚类分析上，通过将相似的数据点归为一类，帮助旅游企业和游客更好地理解和管理旅游相关信息。

1）基于游客位置信息的商业选址。游客使用互联网时会留下大量的位置信息，通过与 GIS 结合，通过定位游客的位置，结合涉旅的商户信息，向游客推送位置营销服务，提升商户效益。同时通过游客的位置信息，可以为商铺选址提供数据支撑。

2）精准营销。基于 k-Means 聚类分析的结果，旅游企业可以针对不同游客群体制定不同的营销策略。例如针对高端旅游客户，可以提供定制化的旅游产品、高品质的旅游服务和专属的客户经理；对于家庭旅游客户，可以推出亲子游、家庭游等适合家庭出行的旅游产品。

3）游客画像。通过收集到游客的各种信息，如旅行偏好、是否有家用电脑、年龄、房产价格、贷款比率、婚姻状况、运动偏好、节食偏好、家庭结构、阅读偏好等，构成游客画像的数据集。利用 k-Means 算法对预处理后的游客数据进行聚类，每个聚类代表了一类具有相似特征的游客群体，可以得到不同游客群体的画像。例如，一个聚类可能代表了对历史文化感兴趣的年长游客，而另一个聚类可能代表了对冒险和刺激活动感兴趣的年轻游客。这些游客画像有助于旅游企业更好地了解不同游客群体的需求和偏好，从而制定更有针对性的旅游产品和服务策略。

4）旅游资源优化。k-Means 算法可以用于分析旅游资源的分布情况，如旅游景点、酒店、餐厅等。通过聚类分析，可以将地理位置相近、功能相似的旅游资源归为一类，从而帮助旅游企业优化资源配置，提高运营效率。例如，可以根据旅游景点的地理位置和类型进行聚类，制定更为合理的旅游线路和行程安排，提高游客的旅游体验。

5）旅游市场分析。k-Means 算法可以帮助旅游企业分析市场需求和竞争态势，通过聚类分析识别出不同的市场细分和潜在机会。旅游企业可以根据聚类结果调整市场策略，开发新的旅游产品，以满足不同市场的需求。例如，可以将旅游市场按照客户群体、旅游目的等因素进行聚类，分析不同市场的需求和特点，制定相应的市场策略。

4.2.2 高斯混合模型

（1）概述

高斯混合模型（gaussian mixture model，GMM）是一种基于概率密度函数的聚类方法，它假设每个聚类都是由多个高斯分布组成的混合分布。GMM 的目标是通过最大化似然函数来估计模型参数，包括每个高斯分布的均值、方差和混合系数，以及数据点属于每个聚类的概率。在聚类时，GMM 将数据点分配到概率最大的聚类中，而不是像 k-Means 那样将数据点硬性分配到某个聚类中。GMM 在许多应用中都表现出色，尤其是当数据点不是明显分离的时候。

高斯混合模型是概率模型，其假设所有数据点是从具有未知参数的有限数量的高斯分布的混合生成的。高斯混合模型可以视为 K 均值聚类，协方差结构和样本中心的混合体。GMM 用于拟合高斯模型混合的期望最大化（EM）模型，并计算出置信椭圆体，准确率和聚类数量等关键参数。GMM 有不同的选项来约束估计的差分类的协方差：球形，对角线，并列或完全协方差。

高斯混合模型与 k-Means 的相同点：高斯混合模型方法与 k-Means 方法，都是通过多次迭代，每次迭代都对聚类结果进行改进，最终达到算法收敛，聚类分组结果达到最优。

高斯混合模型也被称为正态分布（normal distribution），是一种在自然界大量存在的、最为常见的分布形式，是一种业界广泛使用的聚类算法，该方法使用了高斯分布作为参数模型，并使用了期望最大化（EM）算法进行训练。

（2）算法原理

GMM 通过期望最大化（EM）算法来估计模型参数。EM 算法是一个迭代优化算法，包括两个主要步骤：① E 步（Expectation），计算给定当前参数下每个数据点属于每个高斯分布的概率（即责任）；② M 步（Maximization），根据计算出的责任，重新估计每个高斯分布的参数（均值、方差和权重）。

1）高斯混合模型的概率密度函数：

$$p(x)=\sum_{k=1}^{K}\pi_k N(X|\mu_k,\Sigma_k)$$

其中，π_k 是第 k 个高斯分布的权重，$N(X|\mu_k,\Sigma_k)$ 是第 k 个高斯分布的概率密度函数，其参数为均值 μ_k 和协方差矩阵 Σ_k。

2）E步（计算责任）：

$$\gamma_{ik}=\frac{\pi_k N(x_i|\mu_k,\Sigma_k)}{\sum_{j=1}^{k}\pi_j N(x_j|\mu_j,\Sigma_j)}$$

其中，γ^{ik} 是数据点 x_i 属于第 k 个高斯分布的概率。

3）M步（更新参数）：

更新权重：

$$\pi_k=\frac{N_k}{N}$$

更新均值：

$$\mu_k=\frac{1}{N_k}\sum_{i=1}^{N}\gamma_{ik}x_i$$

更新协方差矩阵：

$$\Sigma_k=\frac{1}{N_k}\sum_{i=1}^{N}\gamma_{ik}(x_i-\mu_k)(x_i-\mu_k)^{\mathrm{T}}$$

（3）GMM算法Python实现

GMM算法在Python中的实现过程：

```
import numpy as np
import matplotlib.pyplot as plt
from sklearn.mixture import GaussianMixture
from sklearn.datasets import make_blobs
# 生成模拟数据
X, y = make_blobs（n_samples=300, centers=4, cluster_std=0.60, random_state=0）
```

```
# 创建一个 GMM 模型，并设置成分数量（即高斯分布的数量）
gmm = GaussianMixture（n_components=4）
# 拟合模型
gmm.fit（X）
# 预测每个数据点的成分标签
labels = gmm.predict（X）
# 可视化结果
plt.scatter（X[：,0], X[：,1], c=labels, s=40, cmap='viridis'）
# 绘制每个高斯分布的等高线图
x_min, x_max = X[：,0].min（）- 1, X[：,0].max（）+ 1
y_min, y_max = X[：,1].min（）- 1, X[：,1].max（）+ 1
xx, yy = np.meshgrid（np.arange（x_min, x_max, 0.02），
            np.arange（y_min, y_max, 0.02））
Z = np.log（gmm.predict_proba（np.c_[xx.ravel（）, yy.ravel（）]））.reshape（xx.shape，-1）
# 绘制等高线图
for i in range（1, gmm.n_components + 1）:
    plt.contour（xx, yy, Z[：, i - 1], colors='k'）
plt.title（'Gaussian Mixture Model'）
plt.show（）
```

（4）GMM 算法在智慧旅游中的应用

GMM 算法在智慧旅游中的应用主要体现在数据分析和处理方面，为智慧旅游提供数据驱动的决策支持和优化服务。以下是 GMM 算法在智慧旅游中可能的应用场景和方式：

1）游客行为聚类分析。GMM 算法可以将游客的行为数据，如游览路径、停留时间、消费记录等视为由多个高斯分布组成的混合模型，每个高斯分布代表一类游客行为模式。

通过 GMM 算法对游客行为数据进行聚类，可以识别出不同类型的游客群体，如休闲观光型、文化体验型、商务出行型等。

基于聚类结果，可以为不同类型的游客群体提供个性化的旅游服务和推荐，提高游客满意度和忠诚度。

2）旅游资源优化配置。GMM 算法可以应用于旅游资源的优化配置，如景区内设施布局、景点游览路线规划等。

通过分析游客的行为数据，可以识别出游客在景区内的热点区域和冷门区域，以及游客的游览偏好和习惯。

利用 GMM 算法对游客行为数据进行聚类，可以预测不同游客群体的游览需求和偏好，从而优化旅游资源的配置，提高旅游资源的利用效率和游客体验。

3）旅游营销和推荐。GMM 算法可以应用于旅游营销和推荐系统，通过分析游客的行为数据和偏好，为游客提供个性化的旅游推荐和营销信息。

例如，可以根据游客的游览历史、消费记录、社交媒体数据等信息，利用 GMM 算法对游客进行聚类，并基于聚类结果向游客推荐相关的旅游产品和服务。

同时，可以利用 GMM 算法对游客的潜在需求进行预测，为旅游企业提供精准的营销决策支持。

4）旅游安全预警和应急响应。GMM 算法可以应用于旅游安全预警和应急响应系统，通过对游客的行为数据和实时数据进行聚类分析，及时发现异常情况和潜在的安全风险。

4.3 回归

4.3.1 线性回归算法

机器学习中的回归算法是一种用于预测连续数值输出的技术，它通过学习输入特征（自变量）与目标变量（因变量）之间的关系来建立预测模型。线性回归是一种用于建立自变量（特征）与连续型因变量之间线性关系的统计模型。在线性回归中，通过拟合一个线性函数来描述自变量和因变量之间的关系。

(1) 概述

定义：回归算法是一种统计分析方法，用于研究自变量与因变量之间的依赖关系，并通过这种关系预测因变量的值。线性回归是最简单、最常用的回归算法之一。

它假设目标变量 Y 与输入特征 X 之间存在线性关系，可以表示为 $Y = w^T X + b$，其中 w 是权重向量，b 是偏置项。

分类：回归算法主要分为线性回归和非线性回归两大类。

线性回归：假设因变量与自变量之间存在线性关系。

非线性回归：用于处理因变量与自变量之间为非线性关系的情况。

(2) 算法原理

在线性回归领域，最基础的就是最小二乘法，也是应用最多的。它在 sklearn 科学计算包中已经有了完整的模型，可以直接使用。这里，仅简单说明最小二乘法的原理。最小二乘法通过最小化误差的平方和寻找数据的最佳函数，通过最小二乘法可以简便地求未知的数据，并使这些求得数据与实际数据之间误差的平方和最小，其公式原理如下：

$$\min_{a,b} f(a,b) = \sum_{i=1}^{n}(ax_i + b - y_i)^2$$

图 4-5 说明了我们期望通过点获取的目标函数 $y=ax+b$。右侧是样本数据集，下面是按照该样本建立的优化模型。到这里，我们只需要找到使得 $f(a, b)$ 最小的解就行了。

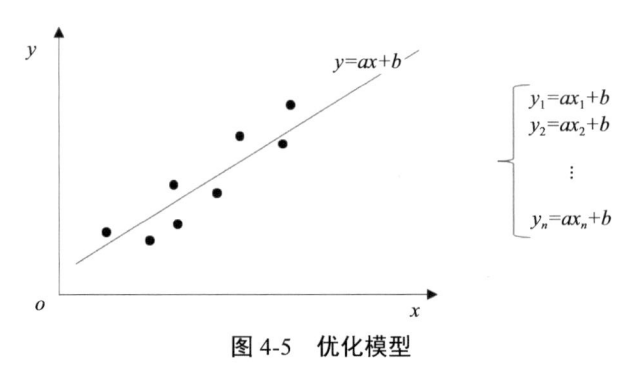

图 4-5 优化模型

（3）线性回归算法 Python 实现

线性回归算法在 Python 中的实现过程：

```
from sklearn.model_selection import train_test_split
from sklearn.linear_model import LinearRegression
from sklearn import metrics
import numpy as np
# 示例数据（同上，但添加截距项）
X = np.array（[[1，1]，[1，2]，[1，3]，[1，4]，[1，5]]）# 添加 x0=1 作为截距项
y = np.array（[2，4，6，8，10]）
# 划分训练集和测试集（这里简单起见，我们不分）
X_train, X_test, y_train, y_test = train_test_split（X, y, test_size=0.2, random_state=42）
# 创建并训练模型
model = LinearRegression（）
model.fit（X_train, y_train）
# 预测
predictions = model.predict（X_test）
# 输出模型参数
print（"Intercept：", model.intercept_）
print（"Coefficients：", model.coef_）
# 评估模型（如果有测试集的话）
print（"Mean Absolute Error：", metrics.mean_absolute_error（y_test, predictions））
print（"Mean Squared Error：", metrics.mean_squared_error（y_test, predictions））
print（"Root Mean Squared Error：", np.sqrt（metrics.mean_squared_error（y_test, predictions）））
```

（4）线性回归算法在智慧旅游中的应用

线性回归算法在智慧旅游中的应用主要体现在对旅游数据的分析和预测

上。以下是一些具体的应用场景:

1)旅游需求预测。通过收集历史旅游数据,如游客数量、旅游收入、旅游消费等,利用线性回归算法建立模型,预测未来一段时间内的旅游需求。这有助于旅游管理部门和企业提前做好资源调配和市场营销策略。

2)酒店房价预测。根据历史房价数据、节假日、季节等因素,使用线性回归算法预测未来一段时间内的酒店房价,为酒店制定合理的价格策略提供依据。

3)旅游景点人流量预测。通过分析历史客流量数据、天气、节假日等因素,利用线性回归算法预测未来一段时间内旅游景点的人流量,为景区管理提供参考,以便合理安排人力、物力资源。

4)旅游消费预测。根据历史消费数据、游客年龄、性别、职业等信息,使用线性回归算法预测游客的消费水平,为旅游企业提供个性化服务和产品推广的依据。

5)旅游满意度预测。通过收集游客的评价数据,如景点评分、酒店评分等,利用线性回归算法分析影响游客满意度的因素,为提高旅游服务质量提供参考。

6)旅游风险评估。结合历史安全事故数据、天气、交通等因素,使用线性回归算法评估旅游过程中可能出现的风险,为旅游安全管理部门提供决策支持。

4.3.2 逻辑回归

(1)概述

逻辑回归虽然名字里带"回归",但是它实际上是一种分类方法,主要用于两分类问题(即输出只有两种,分别代表两个类别)。逻辑回归就是这样的一个过程:面对一个回归或者分类问题,建立代价函数,然后通过优化方法迭代求解出最优的模型参数,然后测试验证我们这个求解的模型的好坏。首先，逻辑回归（logistic regression）是一种用来解决分类问题的统计方法。尽管名字中有"回归"二字，它其实主要用于分类而非回归任务。简单来说，它可以帮助我们预测一个事件的概率，如判断一封邮件是垃圾邮件还是正常邮件，一个人是否会购买某种产品等。

（2）算法原理

逻辑回归的工作流程如下：

1）输入特征：你有一些影响结果的因素（称为特征），比如年龄、收入、教育程度等。

2）输出概率：逻辑回归用这些特征来计算出一个概率，即某个事件发生的可能性。例如，计算一个人购买产品的概率。

3）概率变分类：根据计算出来的概率，我们可以确定属于哪一类。例如，如果概率大于50%，就归为"会购买"这一类；否则归为"不购买"这一类。

将线性模型的输出 z 映射到概率值 p：

$$p=\frac{1}{1+e^{-z}}=\frac{1}{1+e^{-(X\cdot\beta)}}$$

这个函数被称为逻辑函数（Sigmoid 函数），其输出范围是 (0, 1)。

逻辑回归算法的基本原理如下：

1）首先，使用特征向量 $\boldsymbol{x}$ 与参数向量 $\boldsymbol{\theta}$ 的线性组合来计算一个分数 z，即 $z=\boldsymbol{\theta}^T\boldsymbol{x}$。

2）将分数 z 应用到一个称为"Sigmoid 函数"（或"逻辑函数"）的非线性转换上，得到一个概率值 p，即 $p=\frac{1}{1+e^{-z}}$。

3）对于二分类问题，我们可以选择一个阈值，如 0.5。如果 p 大于等于阈值，则预测为正类；否则，预测为负类。

（3）逻辑回归算法 Python 实现

逻辑回归算法在 Python 中的实现过程：

```python
# 逻辑回归算法 Python 实现
import numpy as np
from sklearn.datasets import load_iris
from sklearn.linear_model import LogisticRegression
from sklearn.model_selection import train_test_split
from sklearn.metrics import accuracy_score
# 加载数据集
iris = load_iris（）
X = iris.data[ : , : 2] # 只使用前两个特征
y =（iris.target != 0）* 1 # 将标签转换为二分类问题
# 划分训练集和测试集
X_train, X_test, y_train, y_test = train_test_split（X, y, test_size=0.2, random_state=42）
# 创建逻辑回归模型
lr = LogisticRegression（）
# 训练模型
lr.fit（X_train, y_train）
# 预测
y_pred = lr.predict（X_test）
# 计算准确率
accuracy = accuracy_score（y_test, y_pred）
print（"Accuracy : ", accuracy）
```

（4）逻辑回归算法在智慧旅游中的应用

逻辑回归算法，作为人工智能领域的一个重要分支，不仅在理论上具有重要地位，而且在实际应用中也显示出了其独特的价值。下面将详细探讨逻辑回归算法在智慧旅游这一新兴领域的应用情景。

1）旅游需求预测。

需求分析：通过历史数据，如游客数量、旅游收入等，逻辑回归模型可以预测未来一段时间内的旅游需求。

资源配置：基于预测结果，旅游管理部门和企业可以提前做好资源调配，如人力、交通、住宿等，以应对旅游高峰期的需求。

2）酒店房价预测。

价格策略：结合历史房价数据和逻辑回归模型，可以预测未来一段时间内的酒店房价，为酒店制定合理的价格策略提供依据。

收益管理：通过房价预测，酒店可以更有效地进行收益管理，优化入住率和总收入。

3）旅游景点人流量预测。

人流控制：利用逻辑回归模型分析历史人流量数据，预测未来一段时间内旅游景点的人流量，为景区管理提供参考，以便合理安排人力、物力资源。

安全评估：通过人流量预测，还可以进行旅游安全风险评估，确保游客安全。

4）旅游消费预测。

市场分析：根据历史消费数据，使用逻辑回归算法预测游客的消费水平，为旅游企业提供个性化服务和产品推广的依据。

经济效益：通过消费预测，旅游相关企业可以更好地把握市场动态，提高经济效益。

5）旅游满意度预测。

服务质量：通过收集游客的评价数据，利用逻辑回归算法分析影响游客满意度的因素，为提高旅游服务质量提供参考。

改进措施：基于满意度预测结果，旅游服务提供商可以采取相应措施，提升游客满意度和忠诚度。

6）旅游风险评估。

安全管理：结合历史安全事故数据、天气、交通等因素，使用逻辑回归算法评估旅游过程中可能出现的风险，为旅游安全管理部门提供决策支持。

预防措施：通过风险评估，可以制定有效的预防措施，降低安全事故发生率。

7）旅游营销策略优化。

目标客户：逻辑回归模型可以帮助旅游企业识别潜在的目标客户群体，优化营销策略。

广告投放：基于模型预测结果，企业可以更精准地进行广告投放，提高营销效果。

8）旅游产品开发。

产品创新：通过分析游客偏好和市场需求，逻辑回归模型可以为旅游产品的创新开发提供数据支持。

个性化服务：模型预测结果还可以帮助设计更符合游客需求的个性化旅游服务产品。

第 5 章　大数据在智慧旅游中的实践

5.1 大数据概述

5.1.1 大数据概念

（1）大数据

大数据是指数据量巨大、复杂多样的信息集合，通常无法用传统的数据处理方法来管理和分析。大数据处理是指处理超出传统数据管理和分析工具能力的大规模数据集的过程。这些数据集可以包括结构化数据（如数据库记录）和非结构化数据（如文本、图像和视频等）。大数据的应用旨在提取有价值的信息和趋势，以支持决策制定、业务优化和创新。

大数据的数据规模巨大、类型丰富多样，是处理复杂的数据集合。大数据通常无法通过传统的数据管理和处理方法来进行采集、存储、加工、管理和分析。大数据由五个"V"，即体积（volume）、多样性（variety）、速度（velocity）、准确性（veracity）和价值（value）构成了"五V"模型。

1）数据收集（采集）：首先，需要从各种来源采集大量的数据。这可以包括传感器数据、日志文件、社交媒体数据、客户交易记录等。

2）数据存储：采集的数据需要存储在可伸缩的、高性能的数据存储系统中，如分布式文件系统或 NoSQL 数据库。这些系统能够处理大量数据的存储和检索需求。

3）数据清洗和转换：大数据通常是杂乱无章的，需要进行清洗和转换以去除错误、缺失值和不一致性。数据转换也可能包括将数据从不同格式转换为一致的结构。

4）数据分析：数据分析是大数据处理的核心步骤。这包括使用各种算法和技术来提取信息、挖掘模式、建立预测模型等。分析可以包括批处理、流式处理或交互式处理，具体取决于数据和需求。

5）数据可视化：将分析结果可视化以便决策制定人员更容易理解和解释。数据可视化可以采用图表、图形和仪表板等形式。

6）应用：分析的结果用于支持业务决策、改进产品和服务、优化运营等。这可能涉及自动化流程、制定推荐系统、改进市场策略等。

5.1.2 大数据处理关键技术

（1）存储技术

传统的个人电脑处理的数据，是 GB/TB 级别。例如，现在常用的硬盘（见图 5-1）通常是 1 TB/2 TB/4 TB 的容量。TB、GB、MB、KB 的关系如下：

1 KB(KB - kilobyte)=1024 B

1 MB(MB - megabyte)=1024 KB

1 GB(GB - gigabyte)=1024 MB

1 TB(TB - terabyte)=1024 GB

图 5-1 普通硬盘

而大数据的容量是 PB/EB 级别的。

1 PB，需要大约 2 个机柜的存储设备（见图 5-2）。容量大约是 2 亿张照片或 2 亿首 MP3 音乐。如果一个人不停地听这些音乐，可以听 1900 年。

1 EB，需要大约 2000 个机柜的存储设备。如果并排放这些机柜，可以延伸 1.2 千米那么长。如果摆放在机房里，需要 21 个标准篮球场（见图 5-3）那么大的机房，才能放得下。

图 5-2　2 个存储机柜

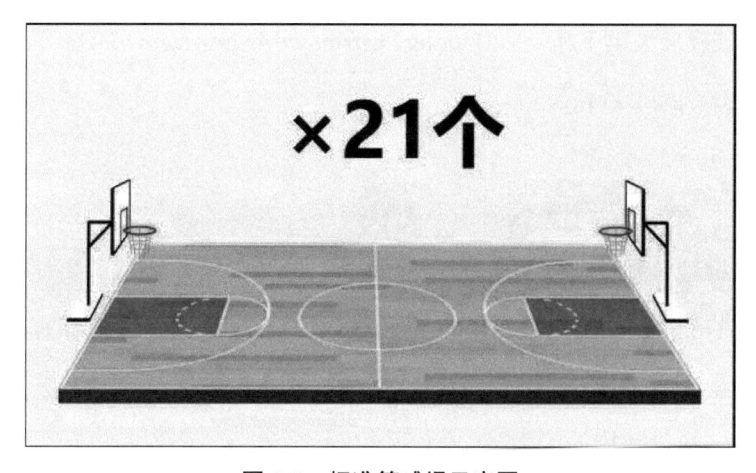

图 5-3　标准篮球场示意图

但是，EB 还不是最大的。目前全人类的数据量是 ZB 级。

目前的大数据应用，还没有达到 ZB 级，主要集中在 PB/EB 级别。

大数据的级别定位：

1 PB(PB - petabyte) = 1024 TB

1 EB(EB - exabyte) = 1024 PB

1 ZB(ZB - zettabyte) = 1024 EB

（2）分布式计算

处理体量庞大的数据传统的单机计算无法满足性能和实效要求，这就需要使用分布式计算技术。通过分布式计算技术将任务分解为小的子任务，分配给多台计算机并行处理，能够大大加速数据处理过程。

分布式计算关键工具包括 Apache Hadoop（MapReduce）、Apache Spark、Apache Flink 等。

（3）分布式存储

传统的集中式存储无法有效地存储和管理大规模数据，在数据的存储、使用和处理方面集中式存储都受限，通过将存储进行分布式部署在多个节点上，提高了存储容量和读写性能。

分布式存储关键工具包括 Hadoop Distributed File System（HDFS）、Amazon S3、Google Cloud Storage 等。

（4）NoSQL 数据库

区别于传统的基于键值的关系型数据库，大量的图片、音频、视频、表情、特殊符号等数据需要以非关系型的方式进行存储，这就需要使用基于非关系型的 NoSQL 数据库进行海量数据存储。NoSQL 数据库能够有效解决大规模数据集合和多重数据种类带来的挑战，具备处理大规模、高并发、非结构化和半结构化数据的能力。

NoSQL 数据库关键工具包括 MongoDB、Cassandra、Couchbase 等。

（5）数据清洗和预处理

数据清洗就是将海量的数据记录中从记录集、表，以及数据库中检测和修正（或删除）受损或不准确记录的过程。通过识别出数据中不完善、不准确或不相关的部分，采用替换、修改或删除的方式来对这些脏乱数据进行处理。数据清洗的目的在于删除重复信息、纠正存在的错误，并提供数据一致性，减少噪声数据，增强数据分析的有效性。数据清洗和预处理的主要动作有处理缺失值、删除重复项、处理离群值、转换格式和类型、归一化数据、集成数据、转换数据或简化数据。

数据清洗和预处理关键工具：Apache Pig、Apache Hive、Trifacta 等。

（6）机器学习和数据挖掘

通过机器学习和数据挖掘技术，从海量数据中挖掘出有用信息，并进行归纳性推理和分析，从中挖掘出潜在的关联关系，帮助决策者作出正确的决策。数据挖掘包括分类（classification）、估计（estimation）、预测（prediction）、相关性分组或关联规则（affinity grouping or association rules）、聚类（clustering）、描述和可视化（description and visualization）、复杂数据类型挖掘（Text、Web、图形图像、视频、音频）等内容。

机器学习和数据挖掘关键工具包括 TensorFlow、Scikit-learn、Apache Mahout 等。

（7）实时处理

针对实时数据流进行处理，能够快速响应外部事件，并在短时间内完成相应的数据处理或任务，在当前时刻处理当前的数据，延迟时间粒度为秒。

实时处理关键工具：Apache Kafka、Apache Flink、Apache Storm 等。

（8）数据安全和隐私

大数据集中化容易造成敏感信息泄露，需要采用加密、访问控制和合规性管理等手段对大数据的安全和隐私进行保护。

数据安全和隐私关键工具包括 Apache Ranger、HashiCorp Vault、AWS Key Management Service 等。

（9）数据可视化

将大数据处理后的分析结果以图形化、可视化的方式将数据以直观、易理解的方式呈现（见图 5-4），使决策者能够更容易理解和解释复杂的数据。

数据可视化关键工具包括 Tableau、Power BI、D3.js、Google Chart API、ECharts 等。

5.1.3 多源旅游大数据

多源旅游大数据是指具有不同来源、结构和特征的旅游数据集合。这些数据在旅游行业中扮演着至关重要的角色，为行业分析、决策制定和服务优化提供了有力支持。以下是对多源旅游大数据的详细阐述：

图 5-4 大数据技术内容框架图

（1）数据来源

用户生成内容（user generated content，UGC）：包括游客评论、图片、音频和视频等，这些数据直接反映了游客的旅游体验和感受，对于分析游客需求和优化旅游服务具有重要意义。

设备数据：如 GPS 定位数据、手机信令数据、传感器数据等，这些数据能够实时追踪游客的行程轨迹和游览行为，为景区管理和资源调度提供科学依据。

交易数据：如搜索引擎数据、网页访问数据、在线预订数据等，这些数据记录了游客的旅游消费行为，能够真实有效地分析游客的消费行为。

涉旅部门数据：如金融、商贸、交通、文化等部门涉旅数据，这些数据为旅游行业提供了宏观的经济、社会和文化背景信息，有助于全面把握旅游市场的发展趋势。

运营商数据：移动、联通、电信三大运营商基于游客注册信息、通话、短信、上网行为、位置信息等数据，可以提供用户的位置信息和行为数据。

互联网公司数据：如 bing、百度的搜索引擎数据，反映游客的搜索行为和兴趣；高德地图、百度地图的定位、导航数据，可以追踪游客的旅行轨迹；淘宝、拼多多、京东、美团等购物网站的交易数据，反映游客的消费行为和偏好；如携程、去哪儿、同程、途牛等在线旅游平台OTA数据，积累了大量的酒店、机票、景区门票等交易数据。

（2）数据特征

多源异构：多源旅游大数据具有来源多样、结构复杂的特征，涵盖了文本、图片、音频、视频等多种数据类型，需要采用相应的数据处理和分析技术进行处理。

时空属性：旅游活动的开展伴随着游客的空间移动，因此多源旅游大数据往往具有空间位移的规律性。在时间尺度上，旅游大数据可以短到对一次旅游活动的追踪，也可以长到景区或旅游目的地的变迁。在空间尺度上，旅游大数据可以小到景点游步道和旅游（商业）街区，也可以大到涉及城市和区域。

高价值：多源旅游大数据对于提高旅游服务质量、优化旅游资源配置和促进旅游产业发展具有重要意义。通过深度挖掘和分析这些数据，可以洞察游客需求、辅助企业决策和为政府提供决策支持。

多尺度与多粒度性：旅游大数据的地理尺度和粒度属性广泛，可以从景区景点的游道、城市街区到数千平方千米的城市、区域等，也可以是视频、图片和文字等信息。

数据收集分析难：多源旅游大数据因数据来源不同，数据来自不同的系统、主体，这些数据源是独立的，数据具有独特性，导致获取和分析数据变得困难。

（3）应用场景

旅游行业运营管理：多源旅游大数据可以帮助旅游企业和管理部门进行运营管理和业务优化。通过对营销数据、客户数据和市场数据的分析，可以帮助企业了解客户需求和行为，优化产品和服务的供应链和交付链，提高客户满意度和业务效率。

政府决策和规划：旅游大数据平台可以为政府提供数据支持，帮助其制定旅游政策、规划旅游资源和推动旅游发展。平台可以通过对旅游数据的分析，了解各地旅游资源的供给和需求情况，为政府决策者提供科学的依据和参考。

旅游市场营销和推广：旅游大数据平台可以帮助旅游从业者进行市场营销和推广活动。通过对市场和游客数据的分析，平台可以帮助企业了解目标市场的特点和需求，制定有效的营销策略和推广方案，提高市场竞争力和品牌影响力。

旅游服务改善：基于多源旅游大数据的智慧旅游，能够提升游客旅游体验，增强旅游感知，改善旅游服务。

5.2 旅游大数据分析平台

旅游大数据分析平台是一个基于旅游大数据的分析、决策平台，平台可以全面汇聚旅游企业、相关机构、从业人员、游客等旅游行业信息，吃、住、行、游、购、娱、便民等旅游服务资源信息，实现旅游有关领域、体系和各业态企业数据的集中统一采集、存储、处理，以及相互之间信息的互通互联和信息共享、查询，为上层应用系统进行分析和决策提供支撑。旅游大数据分析平台以旅游大数据的采集和分析为基础，以实现旅游的智慧化管理、智慧化营销和智慧化服务，提升旅游智慧化水平，加快智慧旅游发展。

旅游大数据分析平台总体框架包括以下几个层次：

(1) 数据采集层

实时采集：通过 API 接口、爬虫技术、传感器等手段，实时获取旅游企业、相关机构、从业人员、游客等产生的数据。

批量导入：支持定期或不定期地批量导入历史数据、外部数据源等。

数据清洗：对采集到的原始数据进行清洗、去重、格式转换等预处理操作，确保数据质量和准确性。

(2) 数据存储与管理层

分布式存储：采用分布式文件系统、NoSQL 数据库等技术，实现海量数据的存储和管理。

数据备份与恢复：建立数据备份机制，确保数据安全可靠；同时支持快速恢复，应对突发情况。

数据质量管理：通过数据校验、异常检测等手段，保障数据质量，提升数据可信度。

(3) 数据处理与分析层

数据处理：利用 ETL（extract，transform，load）工具对数据进行抽取、转换和加载，满足分析需求。

数据分析：采用数据挖掘、机器学习等技术，对旅游大数据进行深入分析，挖掘潜在价值。

可视化展示：通过数据可视化工具，将分析结果以直观、易懂的方式呈现出来，便于用户理解和使用。

(4) 数据共享与交换层

数据共享：建立数据共享机制，实现旅游有关领域、体系和各业态企业数据的互通互联。

数据交换：通过数据交换协议或标准，实现不同系统间数据的交换和整合。

数据安全：采用数据加密、访问控制等手段，保障数据在共享和交换过程中的安全性。

（5）智慧旅游应用层

智慧化管理：为旅游企业、相关机构提供智能化管理工具，如智能排班、资源调度等。

智慧化营销：基于大数据分析结果，为旅游企业提供精准营销方案，如目标客户定位、营销策略制定等。

智慧化服务：为游客提供个性化、便捷化的旅游服务，如智能导览、智能推荐等。

5.3 旅游大数据挖掘

旅游大数据分析与挖掘是一个涉及对海量、多样、高速的旅游信息进行收集、整理、分析和挖掘的过程，旨在从中发现有价值的模式、趋势和关联，以支持旅游业的决策制定、产品优化和市场策略的调整。

在当今这个信息爆炸的时代，数据已经成为企业和组织不可或缺的战略资源。对于旅游业而言，大数据的收集与分析尤为关键，因为它可以帮助从业者更好地理解游客的需求、优化旅游服务、提升旅游体验以及预测和应对市场变化。以下是对旅游大数据分析与挖掘过程的一个详细阐述：

（1）数据收集

数据收集是大数据分析与挖掘的第一步。在旅游业中，数据可以来自多个渠道，如在线旅行社（OTA）、社交媒体、酒店管理系统、航空公司订票系统、景区入口处的传感器数据、位置追踪设备等。这些数据包括但不限于游客的个人信息、旅行偏好、出行路线、消费记录、评价反馈以及相关天气、交通和酒店预订信息。

（2）数据整理

数据一旦被收集，下一步就是数据整理，也被称为数据清洗或预处理。

这一步骤的目的是去除数据中的噪声和不一致性，确保数据质量。这包括识别和删除重复的记录、修正错误、处理缺失值、标准化数据格式以及转换数据类型等。数据整理是至关重要的，因为"垃圾进，垃圾出"（GIGO）的原则表明，分析的结果只能和输入的数据质量一样好。

（3）数据存储

数据存储是大数据生命周期中的一个关键环节。随着数据的不断积累，需要有合适的存储解决方案来安全、高效地保存数据。这通常涉及使用数据库管理系统，如 SQL、NoSQL 数据库，或者使用大数据存储框架，如 Hadoop 的 HDFS、云存储服务。

（4）数据分析

数据分析是发现数据中有意义模式的过程。在旅游业中，这可能包括了解游客的行为模式、分析旅游产品的受欢迎程度、识别旅游季节性趋势、评估市场营销活动的效果等。分析可以通过各种统计和计量经济学模型来实现，如回归分析、聚类分析、关联规则学习、时间序列分析等。

（5）数据挖掘

数据挖掘是大数据分析的一个子集，它专注于从数据中自动地发现以前未知的有用信息。在旅游业中，数据挖掘可以用于预测旅游需求、细分市场、识别潜在的旅游产品配套销售机会、检测异常行为（如欺诈检测）等。数据挖掘技术包括分类、预测建模、异常检测、文本挖掘等。

（6）可视化与报告

将分析结果以直观的方式展示给决策者是非常重要的。数据可视化工具，如 Tableau、Power BI、QlikSense 等，可以帮助分析师创建图表、地图和仪表板，这些不仅易于理解，而且有助于快速识别趋势和模式。报告则提供了更详细的分析结果解释，帮助决策者理解分析的深层含义。

(7)决策支持

大数据分析与挖掘的最终目的是为旅游业的决策者提供有价值信息,帮助他们制定更明智的策略。这可能包括优化定价策略、调整营销活动、改进服务质量、预防和管理旅游高峰期的客流等。通过利用大数据分析的结果,旅游业可以更精准地满足游客的需求,提高运营效率,增强竞争力。

(8)持续监控与优化

旅游市场是动态变化的,因此需要持续监控市场和游客行为的变化,并根据这些变化调整策略。这意味着旅游大数据分析与挖掘不是一次性的过程,而是一个持续的循环,包括不断地收集新数据、重新分析和调整策略。

旅游大数据的分析与挖掘在旅游业中有着广泛的应用。例如,在旅游规划方面,可以利用大数据分析游客的出行偏好和旅游热点,为景区规划提供科学依据;在旅游营销方面,可以利用大数据挖掘游客的购买行为和消费习惯,为旅游产品推荐和促销策略提供精准支持;在旅游服务方面,可以利用大数据实时监控游客的满意度和服务质量,为服务改进提供有力保障。

第6章 智慧旅游与智慧旅游服务

6.1 国内智慧旅游的相关政策

智慧旅游是在"数字化地球"提出后诞生的概念，国内学者对智慧旅游从不同角度分析形成了多种见解。例如：智慧旅游将新型技术手段应用到旅游行业中并带来新的变化；智慧旅游是一种可以提升旅游服务、旅游体验、提高旅游管理并优化旅游资源的一种现代化工程；智慧旅游是一种可以提升游客参与感和体验的一种新型的运营模式。同时，一些学者也对大数据技术和智慧旅游两者的关系进行了探讨。如郭玲霞在《大数据助力智慧旅游发展的研究综述》中提出："智慧旅游如果没有大数据支持，只能是低端实现，依托大数据才能走上高端发展。"大数据技术通过在有限时间内抓取、储存、处理和管理庞大的数据群，使得旅游产业数据收集、处理效率显著提高。根据业务覆盖的角度，分析大数据与智慧旅游的融合发展将从旅游服务、旅游营销和旅游管理三个角度切入，为旅游供应链上的各相关方提供强有力的信息支持。国家相关部门也出台大量支持智慧旅游建设与发展的相关政策，近几年的政策和主要内容见表6-1。

表6-1 国内智慧旅游相关政策

时间	发布单位	政策名称	主要内容
2018年	文化和旅游部	关于提升假日及高峰期旅游供给品质的指导意见	提升智慧旅游管理水平，加强与通信、交通、景区等机构的数据链接与共享，建立假日及高峰期旅游大数据采集分析平台

（续表）

时间	发布单位	政策名称	主要内容
2020年	文化和旅游部、发展和改革委员会、教育部、工业和信息化部、公安部、财政部、交通运输部、农业农村部、商务部、市场监管总局	关于深化"互联网+旅游"推动旅游业高质量发展的意见	制定出台智慧旅游景区建设指南和相关要求，国家4A级及以上旅游景区、省级及以上旅游度假区基本实现智慧化转型升级
2019年	文化和旅游部	国家全域旅游示范区验收、认定和管理实施办法（试行）	对智慧旅游建设明确评分分值
2021年	文化和旅游部	"十四五"文化和旅游市场发展规划	广泛应用5G、大数据、云计算、人工智能等技术，创新产品和服务供给，提升服务水平
2022年	国家发展改革委	"十四五"旅游业发展规划	创新智慧旅游公共服务模式，有效整合旅游、交通、气象、测绘等信息，综合应用5G、大数据、云计算等技术
2023年	国务院办公厅	关于释放旅游消费潜力推动旅游业高质量发展的若干措施	推动利用数字技术改造提升传统旅游消费场所，打造智慧旅游
2023年	工业和信息化部、文化和旅游部	关于加强5G+智慧旅游协同创新发展的通知	鼓励旅游景区、度假区、旅游目的地等通过5G融合算力等基础设施，进一步提升客流统计、流量预警、消费分析与预测等大数据分析能力，提供决策支撑
2023年	文化和旅游部	国内旅游提升计划（2023—2025年）	加快智慧旅游发展，培育智慧旅游沉浸式体验新空间新场景
2022年	河南省发改委	河南省"十四五"新型基础设施建设规划	扩大"云、网、端"数字化基础设施覆盖面，构建全省文化和旅游资源"一张图"，打造一批重点智慧景区、智慧文化场馆和博物馆，完善省级智慧旅游平台功能，到2025年全省4A级以上大部分景区建成钻级智慧景区
2024年	文化和旅游部办公厅、中央网信办秘书局、国家发展改革委办公厅、工业和信息化部办公厅、国家数据局综合司	智慧旅游创新发展行动计划	推动智慧旅游创新发展，到2027年，智慧旅游经济规模进一步扩大，智慧旅游基础设施更加完善，智慧旅游管理水平显著提升，智慧旅游营销成效更加明显，智慧旅游优质产品供给更加丰富，智慧旅游服务和体验更加便利舒适

(续表)

时间	发布单位	政策名称	主要内容
2024年	国家发展改革委、住房城乡建设部、文化和旅游部、国家电影局、广电总局、国家文物局	推动文化和旅游领域设备更新实施方案	到2027年，引导推动全国文化和旅游领域更新一批设施设备，保持相关投资规模持续稳定增长，全面提升服务质量，推动文化和旅游高质量发展

6.2 智慧旅游服务的内涵与特征

6.2.1 智慧旅游服务的内涵

所谓智慧旅游服务，是指旅游企业集团以旅游者为核心，利用大数据、物联网、云计算、人工智能、虚拟现实等各种信息技术对旅游者数据进行收集、挖掘和计算，通过智能数据积累主动发现旅游者现实需求，并挖掘其潜在需求，基于全过程、全要素的服务资源集成和参与主体协同，为旅游者设计个性化服务方案并精准推送给旅游者，以满足其旅游需求的过程与方式。一方面，智慧旅游服务能促进旅游信息流重构、旅游业务重组、旅游组织优化；另一方面，智慧旅游服务将影响旅游者信息搜索行为方式，还将加速旅游营销方式、旅游管理方式等发生根本性改变。随着智慧旅游服务广度、服务深度和专业化程度加强，智慧旅游将逐步过渡到多方案的筛选及修改完善，再过渡到以全程互动体验为主导、以价值共创为目标的自我设计、自我实现和自我评估以及自我享受状态。智慧旅游服务更加注重与游客互动，是为旅游者个体而非群体提供的泛在化旅游服务，通过对旅游活动全流程、全时空、全方位、全终端、全机构的整合、协同、优化和提升，实现一种颠覆性的旅游服务模式创新。可见，智慧旅游服务对于其服务主体，即旅游企业集团提出了更高的要求和挑战，一般需具备全方位、全过程的旅游服务链运营与协调能力，所以通常为旅游联盟的盟主或区域领先型旅游企业。

6.2.2 智慧旅游服务的特征

复杂适应系统（complex adaptive systems，CAS）借助主体之间适应性交互作用反映整个系统的复杂变化，宏观和微观相互联系以及从简单到复杂的演进机制。运用 CAS 理论揭示智慧旅游服务的非线性和动态性复杂特征。主要表现在以下方面：

（1）主体聚集性

在智慧旅游服务过程中，不同类型的旅游企业由于竞争和合作关系形成聚集体，旅游中介、旅游要素提供方等相关利益主体围绕游客需求，为达到整体协同效应而聚集，依托网络平台形成旅游服务联盟，通过服务资源共享和服务组合提供一体化的旅游服务方案。通过网络平台聚集大量旅游要素提供者以及优势旅游资源，基于网络平台的协同服务能力随之不断提升。

（2）非线性作用

智慧旅游服务过程中涉及多个相关利益主体，主体的主动性和适应性是产生非线性交互关系的根源，而非线性又是复杂适应系统形成有序复杂结构的内部主导原因。首先，旅游中介、旅游要素提供方等相关利益主体都有自身利益诉求及其发展目标，在相互合作和竞争中呈现出不同的行为方式。其次，在主体交互过程中，受外部环境和发展路径影响，每个主体的行为方式表现出短期的不确定性和长期的不可预见性。智慧旅游服务相关利益主体交互关系并非简单的因果关系，而是多变量的非线性作用关系。

（3）资源流动性

智慧旅游服务过程具有开放性，始终保持着与外界物质、能量和信息的交换。旅游产业发展受到多种因素影响和制约，随着交通条件、通信基础和方式等不断改善，使自驾游、自助游等旅游方式日益普及。此外，带薪休假制度和研学旅游的推广等，都证明在智慧旅游服务过程中，资源流动渠道多样且畅通，不断打破旅游产业的原有状态引起涨落，进而促使系统呈现自组织变化。

（4）关系多样性

智慧旅游服务相关利益主体具有多样性特征，既有以营利为目的的旅游企业，如酒店和景区类的实体企业，多属于旅游要素提供者；也有各种规模、各具特色的旅游网络平台等线上企业，多属于旅游中介；还有线上和线下打通的旅游大平台或旅游联盟等。同时包括政府监管机构、博物馆和国家公园等非营利机构。此外，旅游者也具有明显的多样性。例如，游客旅游的目的性因人而异，即使对同一个旅游吸引物，有的游客关注文化内涵，有的游客关注自然景观，还有的游客关注感官娱乐。

6.3 智慧旅游服务参与对象

在智慧旅游服务过程中，参与主体主要包括旅游服务提供方和游客。其中，旅游服务提供方又可以分为旅游要素提供者（包括酒店餐饮、交通运输及各类旅游要素供应商等）、旅游中介（包括各类旅行社及旅游服务代理商等）、平台等类型。此外，各级旅游局、行业协会及旅游行政管理部门也承担了旅游业规划、发展建设指导与行业管理等工作。游客是智慧旅游服务的核心，游客需求是智慧旅游服务的前提，旅游中介是纽带和桥梁，能有效促进旅游信息流动和供需双方信息对接。智慧旅游服务包含了全域空间资源、全行业要素供给、全过程服务价值共创和多维度、多层次体验。各利益主体在智慧旅游服务交互作用中形成复杂网络链接关系，如图6-1所示。智慧旅游服务具有典型的生态性特征，充分利用信息技术，面向游客需求，搭建智慧旅游网络平台，合理配置和有效整合服务资源，促进旅游服务创新，才能形成高效运转和持续发展的智慧旅游服务网络。

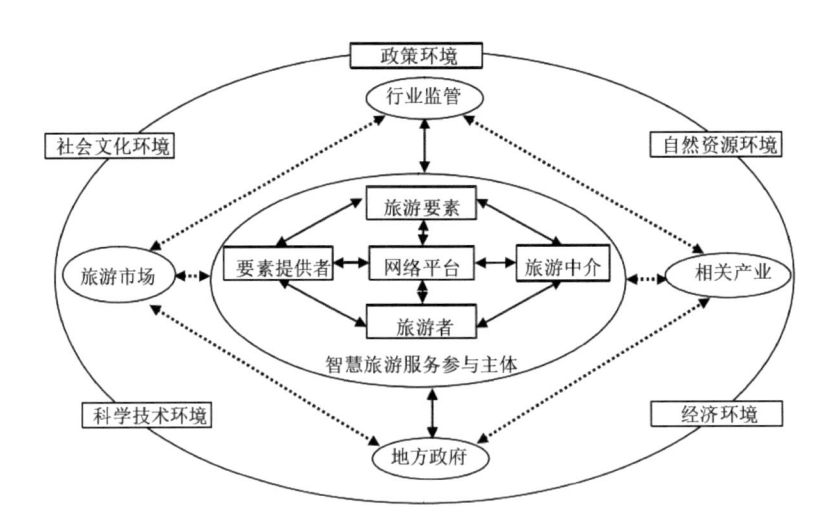

图 6-1　智慧旅游服务参与对象的关系网

游客是智慧旅游的需求者和使用者，是智慧旅游发展的最终受益者。游客通过智慧旅游平台，可以获取更加全面、准确、及时的旅游信息，享受更加个性化、智能化的旅游服务。

6.3.1　智慧旅游参与主体

（1）旅游行业主管部门

旅游行业主管部门作为管理者和建设者，在智慧旅游发展中起到至关重要的角色。他们负责制定政策、标准、规划，并进行监管，以确保智慧旅游的健康发展，如图6-2所示。

1. 编制和规划智慧旅游建设框架，从建设内容、组织计划、运营投资政策、技术要求规范和建设标准及服务准则等方面建立指导

2. 通过信息化建设，实现旅游行业管理部门之间的办公协同并提高业务审批和行政办公的效率；提高对旅游运营企业的行业监管水平，引导旅游行业健康发展，树立和提升城市旅游形象

3. 推动智慧旅游建设发展过程中政府服务职能的转变；通过旅游资讯宣传、旅游信息公共服务以及信息监控等平台的建设，完善智慧旅游建设的智慧旅游公共基础设施和旅游公共支撑平台的建设，提高对游客的公共信息化服务水平

图 6-2　旅游行业主管部门主要职责

（2）旅游相关企业

旅游运营企业，作为旅游产业链的核心组成部分，涵盖了旅游景区、酒店、旅行社等多个旅游经营实体。这些企业在向游客提供丰富多彩的旅游产品和服务的同时，也在不断探索和实践智慧旅游服务，以提升企业运营效率，降低成本，并最终提高经营绩效，如表6-2所示。

表6-2 智慧旅游对相关企业的要求

智慧服务目标	智慧服务要求
旅游景区	①需要考虑景区资源的建设、管理、景区管理经营水平的提升，如建设开发工程管理、资源经营管理（环境保护/物业管理/商户经营/后勤管理/财务管理）等。 ②需要考虑电子票务、客流引导服务、电子导览服务等系统的部署，这些系统的应用和实践将有助于景区服务能力的塑造、服务品牌的提升、游客服务水平的提高。
旅行社	①要考虑旅行社业务管理和内部办公的需要，提高业务信息化水平，提高办事效率，降低运营成本。 ②通过信息化技术提高旅行社的营销宣传能力和精准化营销能力，提高对游客的服务水平，优化游客的消费体验。
酒店	①考虑酒店内部的优化管理和业务管理，优化酒店的内部环境，保证游客安全。 ②通过信息化技术提高酒店的营销推广能力和精准化营销能力，提高酒店对住店客人的服务水平，优化客人的住宿体验。

（3）智慧旅游IT服务商

旅游IT服务提供商为旅游运营企业提供技术支持和解决方案，是智慧旅游建设的重要参与者。它们利用自身的技术优势，为旅游运营企业提供定制化的智慧旅游产品和服务，如表6-3所示。

表6-3 智慧旅游IT服务商的服务内容

智慧服务目标	智慧服务内容
IT咨询服务企业	①战略规划与咨询：分析旅游行业的市场趋势和竞争格局，为旅游企业制定符合其发展战略的信息化规划；评估旅游企业的现有信息化水平，提出针对性的改进建议和发展方向。 ②技术支持与解决方案设计：根据旅游企业的实际需求，提供量身定制的信息化解决方案，包括智慧旅游平台、景区管理系统、酒店管理系统等；整合云计算、大数据、物联网等先进技术，为旅游企业提供高效、稳定、安全的技术支持。 ③项目实施与运营管理：协助旅游企业完成信息化项目的实施工作，包括需求分析、系统设计、系统测试、上线部署等；提供项目后期的运营管理和维护服务，确保信息化系统的稳定运行和持续优化。 ④数据分析与决策支持：收集和分析旅游行业的数据，为旅游企业提供数据驱动的决策支持，帮助企业优化资源配置、提升运营效率；利用数据分析工具和技术，对游客行为、市场需求等进行深入研究，为旅游企业提供有针对性的营销策略和服务改进方案。

（续表）

智慧服务目标	智慧服务内容
IT系统集成商	① 需求分析与规划：与旅游企业沟通，深入了解其业务需求、目标以及所面临的挑战；进行需求分析，明确系统的功能、性能、安全性等方面的要求；制定系统规划，确定系统的整体架构、技术选型、实施计划等。 ② 系统设计与开发：根据需求分析的结果，进行系统的详细设计，包括数据库设计、界面设计、功能设计等；选择合适的软硬件设备、技术平台和应用软件，进行系统的开发、编码和测试；确保系统的稳定性、安全性和易用性，满足旅游企业的实际需求。 ③ 系统集成与部署：将各个独立的系统、设备、软件等整合到一个统一的平台中，实现信息的共享和协同工作；负责系统的现场安装、配置和调试，确保系统能够正常运行并满足客户需求；提供游客手册、操作指南等文档，帮助客户熟悉和掌握系统的使用方法。
IT应用服务商	① 系统集成与应用开发：IT应用服务商负责将各类旅游相关的信息系统、应用进行集成，确保各系统间的数据流通与共享；根据旅游企业的实际需求，定制开发符合业务逻辑的各类应用，如在线预订系统、电子票务系统、导览系统等。 ② 数据分析与决策支持：收集、整理和分析旅游企业运营过程中产生的数据，包括游客行为数据、销售数据、市场数据等；利用大数据分析技术，为旅游企业提供数据驱动的决策支持，帮助企业更好地洞察市场趋势、优化资源配置、提升运营效率。 ③ 技术支持与维护服务：为旅游企业提供技术支持，解决系统运行过程中出现的问题，确保系统的稳定运行；提供系统维护服务，包括系统升级、安全维护、性能优化等，保障旅游企业信息化建设的持续推进。
通信运营商	一、基础信息网络的建设者 ① 搭建智能管道：通信运营商作为智慧城市基础信息网络的提供者，负责搭建高效、稳定的智能管道，确保旅游数据的快速传输和实时处理。 ② 提供技术支持：通信运营商提供4G、5G、物联网、云计算/IDC等技术，为智慧旅游的发展提供强大的技术支持。 二、游客资源的聚合者 ① 互联互通：通信运营商具有庞大的游客资源，通过全面的互联互通，促进旅游产业的客流、人才流、信息流、资金流的协调高效运行。 ② 数据共享：通过有效的数据交换共享，帮助旅游企业更好地了解客户需求，优化资源配置，提升服务质量和经营绩效。 三、服务定制化的推动者 ① 网络切片技术：在5G时代，通信运营商运用网络切片技术提高网络的传输速率，降低延时，并按需分配网络覆盖及密度，为旅游企业提供定制化的网络资源服务。 ② 服务定制：通信运营商的角色从基础设施提供者转变为网络资源定制化服务的提供者，推动旅游服务的个性化和定制化。

(续表)

智慧服务目标	智慧服务内容
设备提供商	一、设备提供与技术支持 ① 提供硬件设备：设备提供商为智慧旅游 IT 服务提供必要的硬件设备，如服务器、网络设备、传感器、监控设备等。这些设备是构建智慧旅游平台、实现数据收集与传输、保障系统稳定运行的基础。 ② 技术支持与维护：设备提供商不仅提供设备，还负责设备的安装、调试、技术支持与维护。他们确保设备能够稳定运行，及时解决设备使用过程中出现的问题，为智慧旅游 IT 服务的顺畅运行提供有力保障。 二、促进智慧旅游系统的集成与优化 ① 设备兼容性：设备提供商在设备设计和生产过程中，会考虑与其他设备的兼容性问题，确保设备能够顺利接入智慧旅游系统，实现系统的集成与协同工作。 ② 系统优化建议：设备提供商基于其丰富的行业经验和技术实力，可以为智慧旅游系统的优化提供建议。他们可以从设备性能、系统稳定性、数据安全等方面提出改进方案，帮助智慧旅游系统实现更好的性能和更高的可靠性。

6.3.2 智慧旅游参与客体

（1）智慧旅游中的游客特征

个性化需求：智慧旅游能够根据游客的个人喜好、需求和时间安排，提供定制化的旅游路线和景点推荐。游客可以根据自己的兴趣选择游览景点、住宿和餐饮等，实现真正意义上的"我的旅行，我做主"。

智能化服务：智慧旅游通过智能导览系统、智能支付、智能语音助手等技术手段，为游客提供便捷、高效的旅游服务。游客可以通过手机 App、微信公众号等渠道，随时随地获取旅游信息、预订门票和酒店等，实现旅游过程的智能化管理。

互动性强：智慧旅游通过社交媒体、在线论坛、虚拟现实等技术手段，为游客提供了丰富的互动体验。游客可以与其他游客、旅游企业和旅游目的地进行实时互动和交流，分享旅游经验、提出问题和建议。这种互动性不仅增加了旅游的趣味性和参与性，还促进了旅游信息的传播和旅游文化的传承。

信息获取便捷：智慧旅游充分利用互联网、移动互联网等现代信息技术，实现了旅游信息的数字化、网络化和智能化。游客可以通过各种智能设备随时随地获取旅游信息，包括景点介绍、旅游线路、酒店预订、餐饮推荐等，大大提高了旅游信息的获取效率和准确性。

决策自主性：散客是智慧旅游中的重要游客群体，他们自行结伴、自助旅游，根据自己的兴趣和爱好，按照自己的意志自行决定旅游线路和内容。散客旅游具有决策自主性、内容随机性和活动分散性的特点。

（2）智慧旅游中的游客需求

个性化服务：游客希望获得个性化的旅游体验。通过大数据和机器学习技术，旅游平台能够深度挖掘用户需求，实现精准推荐和个性化服务。例如，旅游网站和App可以通过用户的历史行为数据分析，推荐最适合的目的地、景点、酒店和活动。

高效与便捷：智慧旅游致力于提升旅行的效率与便捷性。AI技术可以自动化地从多个渠道收集信息，分析用户偏好，快速生成符合需求的行程规划，并通过实时数据分析优化行程，避免高峰时段和不利天气条件。

智能导览与互动体验：智能导览系统能够提升景区体验。通过VR、AR等技术，游客可以获得沉浸式的旅游体验，增强互动性和趣味性。

安全与便捷的交通服务：智慧旅游在交通方面也有显著改进，通过实时数据分析优化出行方式，提供智能导航和实时交通信息，确保游客的安全和便捷。

高质量的住宿体验：智慧酒店与AI的结合提升了住宿体验。AI技术可以提供自动化的入住办理、个性化的客房服务，并通过语音识别和智能控制系统提升住宿的舒适度。

反馈与互动：智慧旅游平台需要满足游客在游前、游中、游后的需求。游客希望在游前获取丰富资讯，游中便捷获取各类消费渠道和内容，游后通过权威平台及时反馈意见。

6.4 智慧旅游服务要素及环境

智慧旅游服务要素主要包括景区、旅游资源、旅游设施等,其中旅游设施是为吸引和接待旅游者并获取经济收益而投入人、财、物等主动开拓和建设的各类设施;旅游资源则是对旅游者具有吸引力的一切自然的、历史的和现实的客观存在。按照形成条件,旅游资源可以分为自然资源和人文资源两大类。

6.4.1 核心旅游要素

传统意义上旅游六要素包括"食、住、行、游、购、娱"。随着发展又增加了"体、疗、学、悟"四个要素,即体育、疗养、学习、感悟,构成了旅游十大要素,如图 6-3 所示。其中,"食、住、行"是最基本、最基础的要素;"游、购、娱"是满足人们游览、游玩、娱乐所需要的游乐要素;"体、疗"是满足人们进行体育运动、健身、康复、疗养所需要的康体要素;"学、悟"是满足人们修学、学习、感悟所需要的知识与精神要素,也是旅游业中新出现的深层次身心需求。

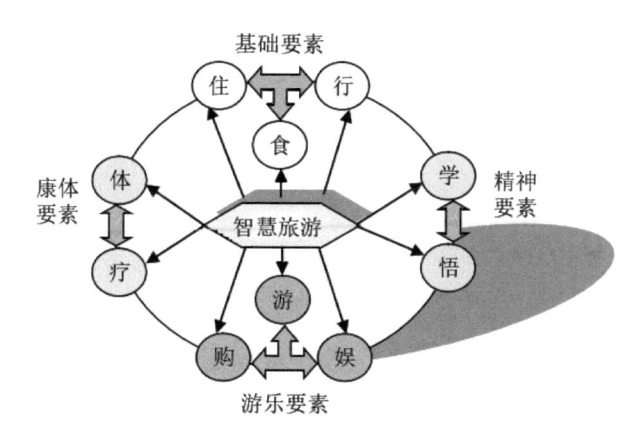

图 6-3 旅游十大要素

6.4.2 延伸旅游要素

旅游的"八大类别"指的是旅游业所涉及的行业类别,主要包括游憩行业、接待行业、营销行业、交通行业、建设行业、生产行业、商业行业、旅游智业。上述相关行业和要素共同构成了旅游产业链，也就是通常所说的"大旅游"概念。旅游业的发展，必须充分整合所有服务要素和旅游资源以及相关产业，建立利益共同体，发展旅游服务联盟，形成旅游产业协同服务能力，不断提升其综合优势。

6.4.3 智慧旅游环境

智慧旅游环境主要包括社会文化环境、科学技术环境、政策环境以及经济环境等。

（1）社会文化环境

智慧旅游所处的社会文化环境对智慧旅游的影响非常明显，主要体现在社会群体意识、社会群体行为和社会文化事件方面。

1）游客自我意识和对旅游行程的预见性：游客对旅游行程的安排完全以个人认知来满足自我心灵的需求，这些自我意识催生了大量个人游和特色游，而游客对旅游行程预见性的提高也要求旅游全过程的智慧性更强，使旅游过程变得更加透明。

2）社会群体行为：社会群体行为越来越依靠手机来实现。作为网络终端的手机在为人们网购、朋友圈分享带来便利的同时，也会产生大量痕迹、偏好信息、数据，为智慧旅游的实现提供了条件。

3）社会文化事件：社会文化事件是指像奥运会、足球世界杯等重大社会文化活动。国际经验表明，奥运会后的 3 到 5 年间，通常可以带来入境游的高潮，而此后的运动场馆往往成为文化旅游的标志，吸引世界各地的游客。通过相关智慧技术可以还原社会文化事件，使得旅游意义更加深刻。

（2）科学技术环境

科学技术对智慧旅游的影响主要体现在旅游信息对接、旅游基础设施、吸引物展示等多方面，如建筑材料的突破、VR 技术、具有文化特色的智能玩具等，逐步渗透到智慧旅游的各个方面。VR技术则更多应用在具有历史文化特色的建筑场地与博物馆，如台北"故宫博物院"率先将VR技术成功应用在旅游感知上，让游客"穿越"到过去，实现与过去的对话。智慧旅游与多种科学技术的融合发展更是应用广泛，智能科技与旅游纪念品的结合，激发了游客购买欲望，这些承载智慧的旅游纪念品是记录旅游经历和体验的最好证明。

（3）政策环境

政策环境是发展智慧旅游的必要条件，我国旅游业的快速发展离不开政策的有效支持。政府出台相关扶持政策能够保证旅游业稳定发展，为智慧旅游发展奠定基础。地方政府制定的有关旅游业的区域政策，能有效促进当地智慧旅游快速发展，如苏州等区域根据自身旅游特色发展智慧城市，构建智慧景区。

（4）经济环境

经济环境对旅游业的影响主要体现在两个方面，即投资人和旅游市场。投资受到利率和汇率影响，国内旅游业的投资通过利率影响企业家的投资热情；而国际资本对旅游业的投资主要受到汇率影响，实现智慧旅游发展需大量资金投入，更好地利用各种资本是促进智慧旅游发展的前提条件。在旅游市场方面，经济环境主要通过家庭收入、汇率等因素影响客源市场，在家庭收入下降的情况下，用于旅游的支出减少，相应的旅游活动次数下降。而国外游客市场主要受汇率影响，当相对汇率升高，即本币贬值将促进外国游客增多；反之，则会导致外国游客数量下降。

6.5 智慧旅游服务模型

旅游需求是智慧旅游服务的出发点，智慧旅游需求可以细分为四个阶段：旅游梦想（dream）、旅行计划（plan）、预订制支付（booking）、点评/分享

（share），形成智慧旅游需求 DPB-S 循环。因此，可围绕智慧旅游需求，从纵向服务流程和横向服务交互两个维度，构建智慧旅游服务模型。

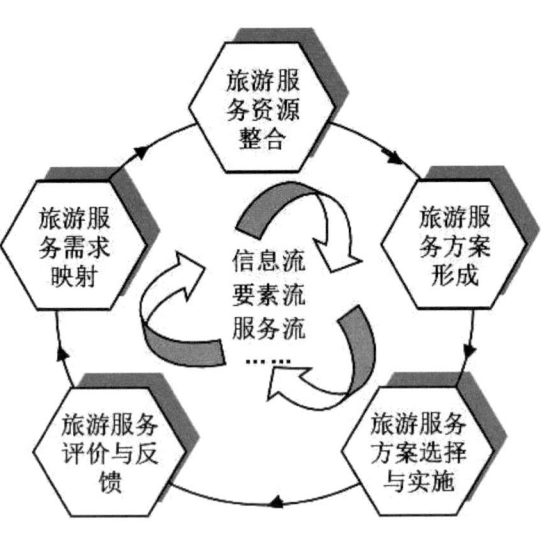

（1）智慧旅游服务流程模型

在智慧旅游需求环节分析的基础上，将智慧旅游服务流程分为五个阶段：旅游服务需求映射、旅游服务资源整合、旅游服务方案形成、旅游服务方案选择与实施、旅游服务评价与反馈，形成旅游服务链，构建智慧旅游服务流程模型，如图 6-4 所示。在智慧旅游服务过程中，将形成信息流、要素流、服务流、交易流等，促进智慧旅游服务形成生态循环。

图 6-4 智慧旅游服务流程模型

（2）智慧旅游服务交互模型

智慧旅游服务以旅游者需求为出发点，由旅游要素提供者、旅游中介等旅游服务提供方，为旅游者提供全过程的旅游服务方案。旅游者需求可以分为现实和潜在需求、共性与个性需求、核心与附属需求，旅游服务供给包括智慧酒店、景区、交通、餐饮、购物等智慧旅游服务。智慧旅游服务流程中的每个环节，都需要旅游者和旅游服务提供方的交互、协同与沟通完成，如依托网络平台对游客需求进行识别或挖掘，判断其属于现实需求还是潜在需求、共性需求还是个性需求、核心需求还是附属需求，确认需求状态、属性以及必要性和紧迫性后，更有利于提供精准、及时、适用的旅游服务组合方案。

智慧旅游服务交互模型如图 6-5 所示。

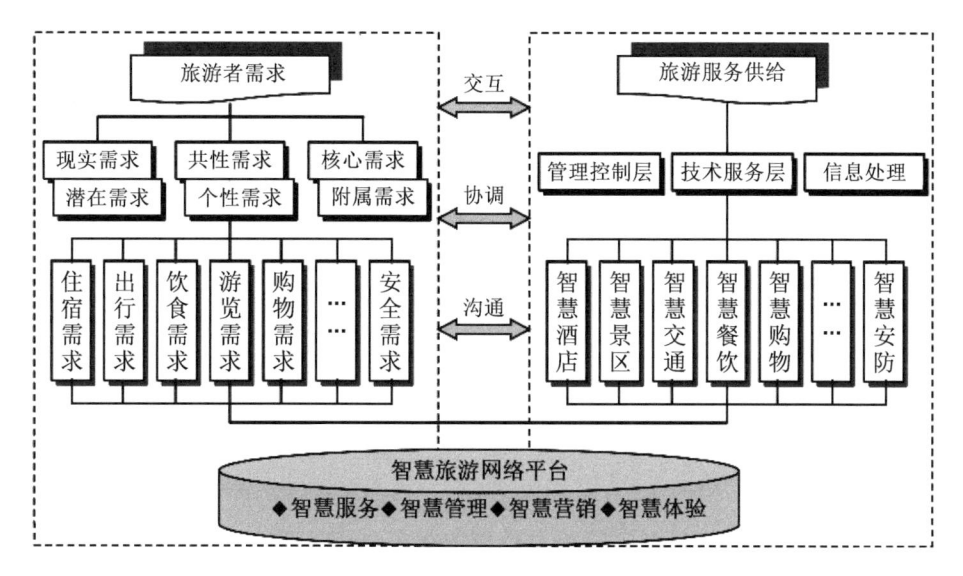

图 6-5　智慧旅游服务交互模型

第 7 章　智慧旅游其他关键技术和系统

7.1 智慧旅游其他关键技术

7.1.1 物联网技术（IoT）

在智慧旅游中，物联网技术可应用于景区环境监测、游客行为分析、设施管理等方面。它通过信息传感设备（如 RFID、传感器、摄像头等），按约定的协议，将物体与网络相连接，物体通过信息传播媒介进行信息交换和通信，以实现智能化识别、定位、跟踪、监管等功能。

（1）物联网的核心技术

传感技术：通过各类传感器实时采集环境、设备、人员等各方面的数据。

射频识别（RFID）技术：利用射频信号及其空间耦合、传输特性，实现对静止或移动物品的自动识别。

网络技术：包括互联网、移动通信网络等，为物联网提供数据传输和通信支持。

数据处理技术：对采集到的数据进行处理、分析和挖掘，提取有价值的信息。

（2）物联网技术在智慧旅游中的应用

智能导航系统：通过在景区内部部署传感器和摄像头，实时监测游客的位置和行为。结合大数据分析，为游客提供智能导航服务，如最佳游览路线、景点介绍、实时交通信息等。

智能酒店服务：将酒店客房内的设施设备连接到互联网上，实现智能化控制和管理。游客可以通过手机 App 远程控制客房的灯光、空调、窗帘等设备，实现个性化的舒适体验。

智能门票系统：利用物联网技术实现电子门票的发放和管理。游客可以通过手机或身份识别设备直接刷卡进入景区，无需排队购票，提高入园效率。景区管理者可以通过系统实时监控游客的流量和分布情况，作出相应的调整，保障景区的安全和秩序。

拓展旅游服务：物联网技术的引入为旅游行业带来了新的服务模式和商机，如智能导游、智能交通等。丰富了旅游产品和服务，提升了旅游行业的竞争力和吸引力。

自动化管理旅游设备：通过物联网技术连接和管理旅游过程中的各种设备，如公共交通、自行车租赁等。提高设备的使用效率和管理水平，为游客提供更加便捷的服务。

旅游目的地的智能化：在旅游目的地安装传感器和摄像头等设备，实时监测游客数量、环境状况等信息。基于数据分析，自动调整资源分配和服务提供，提升游客的满意度和体验。

7.1.2 大数据技术

大数据技术是指从海量的各种数据中快速获取有价值信息的技术。大数据技术不仅关注数据的规模，更强调对数据的专业化处理，通过加工实现数据的价值和增值。大数据技术包括多个方面，如大规模并行处理（MPP）数据库、数据挖掘电网、分布式文件系统、分布式数据库、云计算平台、物联网和可扩展的存储系统等，这些技术共同构成了大数据处理和分析的基础架构。收集、整理和分析海量旅游数据，为旅游企业提供精准的市场预测和游客行为分析。通过大数据分析，旅游企业可以更好地了解游客需求，优化产品和服务，提升游客体验。

数据规模：大数据技术最明显的特点是数据规模的巨大增长，能够处理传统数据库处理不了的数据量，以及数据集中和分散问题的处理。

数据多样性：大数据技术所处理的数据类型多种多样，包括结构化数据、半结构化数据和非结构化数据等。

数据时效性：大数据技术强调数据的时效性，能够实时处理数据，帮助企业作出及时决策。

数据价值性：大数据技术的目标在于从庞杂的数据中获取有价值的信息，帮助企业在市场定位、产品研发和客户服务等方面进行精准决策。

挖掘难度：随着数据规模的增大和多样性的增加，数据的挖掘难度也相应增加。大数据技术能够借助机器学习、数据挖掘和人工智能等方法，帮助企业发现数据中的规律和趋势。

大数据技术在智慧旅游中的应用极为广泛，为旅游业带来了显著的影响和变革。以下是大数据技术在智慧旅游中的具体应用详解：

（1）游客偏好分析与个性化推荐

利用大数据技术，可以收集并分析游客的搜索历史、浏览记录、购买行为等数据。通过机器学习和数据挖掘技术，为游客提供个性化的旅游产品推荐，提高游客的满意度和忠诚度。

（2）旅游资源配置与优化

大数据技术帮助旅游从业者深入了解旅游资源的利用情况，推动资源的合理配置。

这有助于实现更高的资源利用效率，促进旅游业的可持续发展。

（3）智慧旅游服务平台建设

建设基于大数据技术的智慧旅游服务平台，为游客提供景点、天气、交通等旅游信息。

同时，为旅游企业提供数据分析服务，支持企业决策。

（4）旅游安全管理

通过数据挖掘和人工智能技术，实现对旅游安全的全程监管。例如，利用人脸识别技术实时识别游客，对其安全隐患进行及时预警和处理。

（5）游客行为分析与服务优化

大数据技术可以分析游客的游览去向、停留时间等数据，了解游客的偏好和需求。

旅游从业者可以根据这些数据调整服务策略，提高服务质量。

（6）购票数据分析与管理

通过电子系统收集和分析购票数据，旅游部门可以掌握门票的使用情况和景区的客流量。

这有助于在旅游管理中作出更准确的决策，优化游客体验。

（7）旅游营销与宣传

基于大数据分析，旅游企业可以开展精准营销，推送个性化的活动和优惠信息给游客。

同时，可以利用新媒体技术和网络直播等方式，加强文物数字化资源应用，提升文旅数字化水平。

（8）数字化文旅项目创新

例如"粤读通""数字文化站"等项目，利用人脸识别、图像识别、沉浸式交互、5G、VR等技术，创新公共文化服务形式，丰富服务供给。

7.1.3 云计算技术

云计算技术是一种基于互联网的计算模式和服务模式，它通过虚拟化技术、自动化管理、分布式计算以及大数据处理等多项技术，将计算资源、存储资源和网络资源等集成为一个共享的资源池，并按需提供给游客。云计算技术具有极高的可用性、可扩展性和灵活性，游客无须关注底层硬件和软件的细节，只需通过网络即可获取所需的服务。云计算技术不仅提高了计算资源的利用率，降低了 IT 成本，还为游客提供了更加便捷、高效的服务体验。云计算不仅仅是一种分布式计算，更是分布式计算、效用计算、负载均衡、并行计算、网络存储、热备份冗杂和虚拟化等计算机技术混合演进并跃升的结果。

（1）云计算技术特点

大规模：云计算具有相当的规模，企业私有云一般拥有成百上千台服务器，能够提供前所未有的计算能力。

虚拟化：云计算支持游客在任意位置、使用各种终端获取应用服务。游客只需要通过一台联网的电脑、平板或手机等设备，即可随时随地接入云平台并使用其提供的服务。

高可靠性：云计算使用了数据多副本容错、计算节点同构可互换等措施来保障服务的高可靠性，使用云计算比使用本地计算机更为可靠。

通用性：云计算不针对特定的应用，同一个"云"可以同时支撑不同的应用运行。

高可扩展性：云计算的"云"规模可以动态伸缩，满足应用和游客规模增长的需要。

按需服务：云计算是一个庞大的资源池，游客可以根据需要购买服务，实现按需付费。

极其廉价：云计算采用极其廉价的节点来构成云，同时自动化集中式管理使得大量企业无须负担高昂的数据中心管理成本。

因此，云计算技术能为旅游企业提供强大的数据存储和计算支持，进行弹性扩展和高效的数据处理。旅游企业可以通过云计算平台实现数据的集中存储和管理，提高数据的安全性和可靠性。

（2）云计算技术在智慧旅游中的运用

云计算技术在智慧旅游中的应用涵盖了数据整合与分析、智能推荐与个性化服务、旅游服务平台建设、旅游安全管理、智慧营销与宣传以及智能化管理与决策等多个方面。云计算技术在智慧旅游中的应用正日益广泛，其强大的数据处理能力和高效的服务模式为旅游业带来了革命性的变革。以下是云计算技术在智慧旅游中的几个关键应用：

数据整合与分析：云计算平台能够处理和存储旅游行业中的海量数据，包括游客行为、旅游趋势、景点流量等。通过数据挖掘和分析，旅游企业能够深入了解游客需求，为产品开发和营销策略提供数据支持。

智能推荐与个性化服务：基于云计算的大数据分析能力，旅游平台可以为游客提供个性化的旅游推荐，如景点、美食、住宿等。这种智能推荐能够极大提升游客的旅游体验，增加游客的满意度。

旅游服务平台建设：云计算技术为旅游服务平台提供了强大的技术支撑，包括在线预订、支付、客服等功能。这些平台可以实现旅游资源的快速整合和共享，提高旅游服务的便捷性和效率。

旅游安全管理：云计算技术可以实时监控旅游景区的游客流量、安全状况等信息，及时发现并处理安全隐患。同时，云计算还可以支持应急指挥和救援系统的建设，提高旅游安全管理水平。

智慧营销与宣传：利用云计算技术，旅游企业可以实现精准营销和宣传，通过大数据分析精准定位目标游客群体。同时，云计算还支持多媒体营销手段，为游客提供更加丰富的旅游体验。

智能化管理与决策：云计算技术可以帮助旅游企业实现智能化管理，包括人力资源管理、财务管理、客户关系管理等。通过云计算平台，企业可以实时了解经营状况和市场动态，作出更加明智的决策。

7.1.4 移动互联网技术

移动互联网技术的核心在于移动网络和移动终端的结合。移动网络从最初的 2G 网络到现在的 5G 网络，其发展历程标志着移动互联网的技术进步和服务模式的变革。随着网络带宽的提升和延迟的降低，移动互联网的应用场景越来越丰富，包括高清视频通话、在线游戏、实时导航等。无线网络技术从 2G 到 5G 不断升级，每次升级都极大地提升了网络的速率和稳定性。例如，5G 网络不仅大大提升了下载和上传速度，还将延迟降低至毫秒级别，这使得许多对实时性要求较高的应用成为可能，如远程手术、自动驾驶等。此外，无线定位技术，如 GPS、北斗等，也为移动互联网的多种应用提供了位置信息支持，使与位置相关的服务如外卖点餐、打车软件等得以实现。

（1）移动互联网技术的特点

移动性和便携性：移动互联网技术允许游客在移动状态下访问互联网，这主要得益于移动网络技术的发展和移动终端的普及。无论是早期的 2G、3G 网络，还是现在的 4G、5G 网络，都提供了广泛的网络覆盖，使游客能够在地铁、公交车，甚至偏远地区都能够访问互联网。移动终端，特别是智能手机的出现，极大提升了游客的使用体验，游客可以随时随地通过智能手机进行网页浏览、在线聊天、移动支付等操作。

高速率和低延迟：随着移动网络技术的不断升级，网络带宽得到了显著提升，延迟也大幅降低。例如，5G 网络相比于 4G 网络，在下载和上传速度上有了质的飞跃，延迟也降低至毫秒级别。这种高速率和低延迟的特性使得高清视频通话、在线游戏、实时导航等应用成为可能，提升了游客的网络体验。

智能化和个性化：移动互联网技术结合大数据、人工智能等技术，能够为游客提供个性化的服务。通过分析游客的行为数据，系统可以为游客推荐感兴趣的新闻、商品、视频等内容。同时，智能化的终端也为开发者提供了更多创新可能，如智能语音助手、人脸识别等功能都已在智能手机等设备上得到广泛应用。

多样性和融合性：移动互联网技术的应用场景日益丰富，涵盖了金融、教育、医疗、交通等多个领域。这些应用不仅提升了人们的生活质量，还促进了产业的升级和转型。同时，移动互联网技术还与其他技术，如物联网、车联网等相融合，共同推动智能社会的发展。

（2）移动互联网技术在智慧旅游中的运用

移动互联网技术使得游客可以随时随地通过手机或平板电脑获取旅游信息和服务，如在线预订、导览服务等。在智慧旅游中，移动互联网技术被广泛应用于在线预订、导览服务、移动支付等方面。移动互联网技术在智慧旅游中的应用，极大地提升了旅游行业的服务质量和游客体验。以下是关于这一应用领域的详细介绍。

实时信息服务：随着移动网络技术的升级，特别是 5G 网络的普及，智慧旅游能够为游客提供实时的旅游信息服务。游客可以通过智能手机或可穿戴设备，实时获取景点的天气、交通、人流量等信息，从而作出更合理的行程安排。

个性化推荐与定制：移动互联网技术结合大数据和人工智能，能够分析游客的旅游偏好和历史行为，为游客提供个性化的旅游线路推荐、景点推荐和住宿推荐。同时，游客也可以根据自己的需求，定制专属的旅游行程。

移动支付与便捷服务：在智慧旅游中，移动支付成为标配。游客可以通过手机应用快速完成门票购买、餐饮支付、酒店预订等操作，大大提升了旅游的便捷性。此外，一些景区还提供移动支付购买纪念品、体验项目等服务。

智能导览与互动体验：借助移动互联网技术，景区可以开发智能导览系统，为游客提供语音导览、AR 导览等多样化的导览方式。同时，游客还可以通过手机应用与景区内的互动设施进行互动，如参与虚拟游戏、观看互动展览等。

位置服务与定位导航：GPS、北斗等无线定位技术为智慧旅游提供了精确的位置服务。游客可以通过手机应用实时查看自己的位置，获取周边景点、餐饮、住宿等信息。同时，景区也可以利用定位技术为游客提供导航服务，帮助游客快速找到目的地。

安全监控与应急响应：移动互联网技术还可以用于景区的安全监控和应急响应。景区可以通过手机应用实时查看各区域的监控画面，及时发现异常情况。同时，当游客遇到紧急情况时，可以通过手机应用快速报警或寻求帮助。

7.1.5 地理信息系统（GIS）

地理信息系统（geography information system，GIS）是以地理空间数据库为基础，在计算机软、硬件支持下，对空间相关数据进行采集、输入、管理、编辑、查询、分析、模拟和显示，并采用空间模型分析方法，适时提供多种空间和动态信息，为地理研究和决策服务而建立起来的计算机技术系统。GIS 系统是集计算机科学、测绘学、地理学、空间科学、数学、统计学、管理学等为一体的新兴科学，它以高效的数据管理、空间分析、多要素综合分析和动态监测能力，成为目前一种有效的管理决策工具，广泛应用于土地管理、城市规划、环境监测、防灾减灾、工程建设、房地产开发、商业等各个领域。

（1）GIS 的特点

空间数据采集与管理能力：GIS 具有强大的空间数据采集与更新能力，能够处理各种来源的地理空间数据。通过数据存储管理功能，GIS 可以有效地组织和维护这些地理空间数据，确保数据的安全性和可靠性。

空间分析与决策支持：GIS 以地理研究和地理决策为目的，具备空间分析、多要素综合分析和动态预测的能力。通过空间分析，GIS 可以揭示地理数据的空间分布规律和相互关系，为决策提供科学依据。GIS 还可以提供可视化的决策支持工具，帮助游客更好地理解分析结果并作出决策。

地理定位与空间数据可视化：GIS 具有公共的地理定位基础，所有地理要素都按照经纬度或特有的坐标系统进行严格的空间定位。通过空间数据可视化功能，GIS 可以将地理数据以图形、图像等形式展现出来，便于游客直观理解地理现象和问题。

软硬件系统支持：GIS 由计算机软硬件系统支持进行空间地理数据管理。计算机程序模拟常规的或专门的地理分析方法，作用于空间数据，产生有用信息，完成人类难以完成的任务。

广泛的应用领域：GIS 广泛应用于国土资源管理、城市规划、交通运输、环境保护、灾害预警、农业生产等领域。无论是在资源管理、资源配置，还是在城市规划和管理、土地信息系统和地籍管理等方面，GIS 都发挥着重要作用。

其他特性：GIS 具有小型化、可靠性高、安全性好等特点，可以杜绝对外部的不利影响。同时，GIS 系统的安装周期短、维护方便，检修周期长，为游客提供了良好的使用体验。

（2）GIS 在智慧旅游中的应用

精细化处理旅游数据：通过 GIS，旅游数据可以得到精细化、标准化的处理，形成旅游数据共享和交互平台。这有助于旅游业提供更加精准、完整、可靠的数据分析依据。

提升游客体验：GIS 为游客提供更加专业、科学、人性化的旅游服务。游客可以通过移动应用或在线平台获取丰富的旅游信息和建议，如景点推荐、路线规划等。

实现全链条融合：GIS 结合互联网、云计算等技术，可以实现智慧旅游的全链条融合，包括旅游规划、旅游流程管理、旅游咨询等方面。这有助于提升旅游服务的便捷性和高效性。

AI 技术应用：通过引入 AI 技术和智能算法，GIS 可以更加智能化、自适应化。在旅游路径规划、旅游资源推荐、游客行为分析等方面，GIS 能够根据游客的需求和偏好提供个性化的服务。

支持景区应急响应：GIS 可视化综合运营平台可以支持景区的应急响应。在突发事件发生时，管理者可以通过平台快速了解景区状况，并采取及时的应对措施。

为景区决策提供支持：通过数字孪生技术和 GIS 可视化技术，管理者可以更准确地了解景区的实时状况，从而作出更科学的决策。此外，综合运营平台还可以为景区的长期规划提供数据支持。

助力景区监管与维护：利用 GIS 的三维可视化系统，可以全方位展现景区内的建筑、基础设施、道路等信息，帮助景区管理部门深化对景观资源的监管和维护水平。

提供智能导览服务：结合移动应用程序或 AR 眼镜，GIS 可以为游客提供导航、路线规划、景点介绍等智能导览服务。

基于游客偏好的个性化推荐：通过大数据分析，GIS 可以根据游客的兴趣、历史偏好和位置信息，为他们推荐个性化的旅游活动、餐厅、购物等。

提供安全保障：GIS 结合无线定位技术（如 GPS、北斗等），可以为游客提供安全警报、紧急联系方式、医疗服务和紧急救援等安全保障。

7.1.6 全球定位系统（GPS）

全球定位系统（GPS）是一种全球性、高精度、全天候的定位导航系统，它利用位于地球轨道上的卫星来提供地面接收器的位置信息。GPS 由三部分组成：空间部分、控制部分和游客部分。空间部分包括 24 颗工作卫星和 3 颗备用卫星；控制部分负责跟踪监测卫星，控制其运行，并保证其正常运作；游客部分则是面向各种游客的终端设备，如 GPS 接收机等。GPS 的核心原理是基于时间测距，即通过测量卫星发射的信号到达接收器的时间来计算距离。由于光速是已知的，信号的传播时间可以被转换为卫星与接收器之间的距离。接收器会同时从多颗卫星接收信号，通过对多颗卫星的距离测量，可以精确计算出接收器的三维位置（纬度、经度和海拔）。

GPS 在智慧旅游中的应用是多方面的，包括景区导航、智能讲解服务、多语种服务、安全监测等。这些应用不仅丰富了游客的旅游体验，也提高了景区的服务质量和管理水平。GPS 在智慧旅游中的应用还表现在其他方面，如车牌智能识别技术在旅游产业中的应用价值，可以利用摄像头完成对识别对象特征的检测，并与物联网相结合，实现对景区车辆的识别管理、车位计数、停车诱导等有效管理。GPS 在智慧旅游中的应用创新主要体现在以下几个方面：

（1）景区导航与个性化推荐

导航服务：GPS 可以通过智能手机、平板电脑等设备获取游客的位置信息，基于此实现景区导航服务。例如，在北京颐和园的应用中，游客可以通过应用程序获取颐和园各个景点的位置，实时查看各个景点的开放情况和游客人数，同时可以根据自己的旅游路线和兴趣点进行规划。

个性化推荐：结合游客的位置信息和旅游偏好，GPS 还可以为游客推荐适合自己的旅游路线。这种个性化的服务能够提升游客的满意度和旅游体验。

（2）智能讲解与文化体验

智能讲解服务：通过在游客的手机或者平板电脑上安装智能讲解应用程序，游客可以在游览景点的同时，获取相应景点的历史背景、文化故事等相关信息。例如，在故宫博物院的应用中，实时定位到游客所在位置，提供相应的语音讲解和文字讲解服务，更好地展示文物的历史和文化价值。

文化体验提升：GPS 的应用使得游客在享受导游服务的同时，能够更深入地了解文化背景，从而提高旅游体验的质量和深度。

（3）多语种服务与国际化

满足国际游客需求：利用 GPS，可以为重点景区提供多语种服务，通过语音识别和翻译技术，游客可以使用自己的语言与景区进行交流和沟通，方便了国际游客的出行。

国际化服务拓展：这种多语种服务的应用不仅提高了景区的国际化水平，也能够吸引更多的国际游客，促进旅游业的国际合作与交流。

（4）安全监测与紧急响应

安全监测：通过 GPS 的应用，可以对游客的位置和行动进行监测，实时发现游客的不适症状、拥挤情况等信息，并采取相应的措施，避免出现人员拥挤的现象，确保游客的出行安全。

紧急响应：在游客出现意外情况时，GPS 可以及时提供帮助，保障游客的人身安全。例如，在镇江金山老街的应用中，通过对游客的位置和行动进行监测，实时发现游客的不适症状、拥挤情况等信息。

（5）旅游数据分析与优化

通过收集和分析 GPS 定位数据，旅游企业和景区能够了解游客的流动规律、偏好和需求，为旅游产品的优化和营销提供数据支持。

（6）旅游服务智能化

GPS 技术可以与其他智能技术如物联网、大数据等结合，实现旅游服务的智能化。例如，通过 GPS 定位实现景区内的智能导览、智能停车等功能。

7.1.7 遥感技术

遥感技术是一种高度先进的探测手段，它基于电磁波理论，通过各种传感仪器远距离收集和处理目标物体辐射和反射的电磁波信息，进而实现对地面各种景物的非接触式探测与识别。遥感技术的核心在于传感器，它能够捕捉来自地表、大气层或其他遥远目标的电磁波信号。这些信号可能来自物体的辐射，也可能是物体对阳光或其他光源的反射。通过对这些信号的分析，遥感技术能够提供关于目标物体的详细信息，如大小、形状、温度、湿度、植被覆盖等。

遥感技术在智慧旅游中的应用是多方面的，包括景区规划与管理、游客流量监控、旅游资源评估与保护等。这些应用不仅丰富了游客的旅游体验，也提高了景区的服务质量和管理水平。遥感技术在智慧旅游中的应用主要体现在以下几个方面：

（1）景区规划与管理

景区规划：通过获取景区的遥感影像，可以对景区的地形地貌、植被分布、水系等进行详细分析，为景区的规划提供科学依据。例如，根据地形数据，可以合理规划游览路径和设施布局，确保游客安全和游览体验。

景区管理：利用遥感数据的更新和监测能力，实时跟踪景区内设施的使用状况和环境变化，及时作出调整和管理决策。例如，通过监测植被生长状况，可以及时采取措施保护生态环境。

（2）游客流量监控与智能分流

游客流量监控：通过高分辨率遥感图像和 GIS 技术，可以实时监测游客的分布和流动情况，为游客提供更好的服务。例如，在长城景区中，可以利用无人机航拍获取游客密度信息，实现游客的精准管控。

智能分流：结合遥感技术和 GPS 定位，可以对游客进行精准分流，避免拥挤和安全隐患。例如，在景区入口和重要节点设置智能指示牌，引导游客合理分布。

（3）旅游资源评估与文化保护

旅游资源评估：通过遥感技术对旅游资源进行定量分析，如对历史遗迹的完整性、自然景观的独特性进行评估，为旅游资源的开发和保护提供依据。

文化保护：利用遥感技术对古迹遗址进行无损探测，发现潜在的文物价值，同时监测文化遗产的环境变化，制定相应的保护措施。

（4）自然灾害预警与应急响应

自然灾害预警：通过遥感技术对景区周边的自然环境进行监测，如地质灾害、森林火灾等，及时发现隐患并发出预警。

应急响应：在发生自然灾害时，遥感技术可以提供灾区的实时影像，帮助制定救援方案和疏散路线。

（5）旅游地图绘制与更新

遥感技术可以快速获取地面信息，结合 GIS 绘制和更新旅游地图。

游客可以通过这些地图了解旅游目的地的地形、地貌、交通路线等信息，提高旅游出行效率。

7.1.8 虚拟现实（VR）技术

虚拟现实（virtual reality，VR）技术是一种先进的交互式和沉浸式技术，它通过计算机生成的三维虚拟环境，模拟人类的视觉、听觉、触觉等多种感官体验。这一技术的核心在于利用计算机仿真系统模拟外界环境，主要模拟对象包括环境、技能、传感设备和感知等，为游客提供多信息、三维动态、交互式的仿真体验。

虚拟现实技术具有多个显著的特点，这些特点共同为游客带来了沉浸式的体验。

（1）VR 技术的主要特点

沉浸感：VR 技术通过高品质的视觉、听觉和触觉效果，使游客感觉自己身临其境，完全融入虚拟环境中。这种沉浸感是 VR 技术最为核心的特点之一。利用头戴式显示设备和其他输入设备，游客可以在虚拟环境中进行交互，获得与现实世界相似的感知体验。

交互性：游客可以通过手柄、手势识别或语音控制等方式与虚拟环境进行实时交互,增加了参与感和自由度。虚拟现实技术使游客能够与虚拟环境中的对象进行互动,这种交互性使得VR体验更加真实和生动。

多感官体验:VR技术不仅提供视觉上的沉浸感,还通过立体声音效和触觉反馈等方式提供多感官的体验,增强了真实感。游客可以感受到虚拟环境中的风吹草动、水流声等,仿佛置身于真实的环境中。

想象性:虚拟世界极大地拓宽了人在现实世界的想象力,不仅可以模拟现实世界中真实存在的情景,还可以构想客观世界不存在或不可发生的情形。这为创作和学习提供了无限可能。

实时性:虚拟现实系统需要实时响应游客的操作和动作,以保证游客的沉浸感和交互体验。任何延迟或不同步都会破坏游客体验。

可视化:虚拟现实技术可以将抽象的概念和内容转化为可视化和立体化的形式,使游客能够更直观地理解和掌握知识和技能。

虚拟现实技术在智慧旅游中的应用

虚拟导览与预览:VR技术为游客提供了全新的导览方式。游客可以在游览景点之前,通过VR设备提前了解目的地的特色和风景,包括历史文化、自然风光等。例如,Disneymoon旅行社的"虚拟现实主题旅游"服务,游客可以在VR中预览澳大利亚的大堡礁、热带雨林等景点,为实际旅行做好心理准备。

沉浸式全景体验:VR技术让游客能够身临其境地感受景区的美景与魅力。通过佩戴VR头盔和手柄,游客仿佛置身于实际旅游景点,实时观看和感受景点的美景。3DVR全景技术不仅还原了景区的美景,还能提供更多的互动。游客可以自由选择观赏角度,实现360度无死角的全景视野,加深了对景区的认知和印象。

虚拟历史重现与博物馆体验:VR技术使得游客能够回到历史的某个时期,亲身参与历史事件,如参加古代战争、参观古代宫殿等,深入了解历史文化。同时，VR技术将博物馆的文物和展品数字化，游客可以在不出门的情况下参观博物馆，观看展品，了解文物的历史背景和文化内涵。

虚拟体验活动：通过VR技术，游客可以参与各种体验活动，如滑雪、跳伞、攀岩等，提供了更安全、便捷的体验方式。例如，耀客峡谷漂流项目中，游客可以使用360度全景VR技术，在漂流过程中用自己的眼睛观看人们一直观察不到的风景，获得全新的体验。

个性化定制旅行：VR技术结合智能设备，为游客提供了个性化定制旅行的机会。游客可以根据自己的兴趣和需求，自由选择景点、活动和行程，获得更加贴合个人喜好的旅游体验。

智慧化旅游服务：VR技术不仅提供了视觉上的体验，还带来了智慧化的旅游服务。游客可以通过智能设备获取景区的实时导航、资讯和推荐，轻松规划自己的旅行路线，提高了旅游体验的质量。VR技术为游客带来了更多的互动和社交体验。游客可以通过VR设备参与到互动游戏、虚拟演出和文化体验中，与其他旅行者分享体验、交流感受，建立起新的社交网络。

7.1.9 人工智能（AI）技术

人工智能（artificial intelligence，AI）技术是模拟、延伸和扩展人的智能的理论、方法、技术及应用系统的一门新的技术科学。它旨在通过计算机程序或机器赋予计算机感知、理解、推理等类人智能能力。人工智能技术涉及计算机科学、数学、神经科学等多个学科，是智能学科的重要组成部分。

（1）人工智能技术的核心原理

机器学习：机器学习是实现人工智能的基础之一，它提供了从数据中学习的方法，让机器自动从大量数据中找出规律，从而能够进行分类、预测、识别等复杂的任务。

人工神经网络：人工神经网络是一种模拟人脑神经系统的计算模型，通过学习来自动调整神经元之间的连接强度，实现物体识别、声音识别、自然语言处理等任务。

自然语言处理：自然语言处理是一种利用计算机来识别、理解、生成人类语言的技术，包括语音识别、机器翻译、智能问答等应用。

逻辑推理：逻辑推理是一种基于逻辑原理的推理方法，能够根据已知事实和规则来推理出新的结论，实现诸如智能问答、决策支持等任务。

计算机视觉：计算机视觉是一种将图像、视频等视觉信息转化为数值数据，并通过算法来实现图像识别、目标跟踪等任务的技术。

（2）人工智能技术在智慧旅游中的应用

智能导览与讲解：利用语音识别和自然语言处理技术，智能导游机器人可以为游客提供导览、讲解和答疑服务。这种机器人不仅可以在博物馆、景区等旅游场所为游客提供直观、便捷的导览服务，还能根据游客的个性化需求提供定制化的旅游服务。

智能推荐与规划：通过对游客的历史旅游记录、偏好、预算等信息进行分析，AI 技术可以为游客推荐适合的旅游目的地、景点、酒店、餐厅等。AI 技术还可以根据游客的旅游时间、预算、兴趣等信息，自动生成详细的旅游行程规划，包括景点介绍、交通方式、住宿推荐等。

虚拟旅游体验：结合 VR 技术，AI 为游客提供了沉浸式的虚拟旅游体验。游客可以在家中就身临其境地感受不同旅游目的地的风景和文化，激发旅游兴趣和热情。

智慧预约与预订：借助 5G、大数据、云计算等技术，智慧旅游平台实现了票务分时预约预订功能。游客可以通过公众号、小程序、移动 App 等渠道进行票务预约和预订，避免排队等候，提升游览体验。

智慧交通调度与停车：利用物联网、5G、大数据等技术，实时监测和分析道路及交通工具的通行状况、分布位置等信息，实现旅游交通的智慧调度，优化旅游区域内的交通运输环境。在停车场方面，通过图像识别、卫星定位等技术，实现停车场的优化利用，为游客提供精准化、便捷化的停车服务。

智慧游客分流与安全管理：借助视频监控、传感设备等获取即时人流密度和流向流速等数据，自动比对区域游客最大承载量，动态预测拥堵区域和时段，实时发布游客流量预警信息，科学疏导分流。利用计算机视觉、智能识别等技术，对游客不安全、不文明行为进行劝导，提升游览安全性。

智慧旅游服务与管理：AI技术为景区管理人员提供了客流管理、游客行为监测、景区设施管理、交通工具管理等多方面的支持，提高了景区运营效率和管理水平。

7.2 智慧旅游其他关键系统

7.2.1 智能导览系统

通过智能化的导览设备或手机应用，为游客提供实时的导览服务，包括景点介绍、路线规划等。智慧旅游的智能导览系统为游客提供了便捷、全面的导览服务，其主要包括如下功能：

景点详细介绍：系统通过文字、图片、音频和视频等多种方式，为游客提供景点的详细介绍，让游客能够深入了解景点的历史文化、特色亮点等。

个性化路线规划：基于游客的兴趣和偏好，智能导览系统能够生成个性化的游览路线，确保游客能够按照自己的喜好和时间安排游览。

实时定位与导航：结合GPS定位技术，系统能够实时定位游客位置，并提供详细的导航指引，帮助游客轻松找到目的地，避免迷路。

语音交互功能：游客可以通过语音指令与系统互动，查询景点信息、导航路线等，使导览服务更加便捷、高效。

多语种支持：为了满足不同游客的需求，智能导览系统支持多种语言，为游客提供无障碍的导览服务。

7.2.2 智能客服系统

基于人工智能技术，自动识别游客提问并回复，减轻人工客服工作负担。智能客服系统能够理解游客的自然语言输入，包括文字和语音，并能够根据游客的问题提供准确的答案和解决方案。系统还具备学习能力，能够根据历史数据和游客反馈不断优化自身的知识库和回答策略，以更好地满足游客的需求。

在旅游行业中，智能客服系统的应用可以极大地减轻人工客服的工作负担，提高客户满意度和忠诚度。系统可以全天候在线，为游客提供实时的咨询和帮助，无论是预订酒店、查询景点信息还是解决旅行中的突发问题，都能够迅速得到妥善处理。此外，智能客服系统还可以与其他信息系统进行集成，如景区管理系统、旅游信息网络发布系统等，实现数据的共享和互通，进一步提升服务质量和效率。通过收集和分析游客的反馈和行为数据，系统还可以为旅游企业提供市场趋势预测和个性化营销建议，帮助企业制定更精准的市场策略。

7.2.3 智慧餐饮系统

游客可以通过系统查看餐厅菜单、预约座位、在线点餐等，提升就餐效率和游客体验。该系统结合了人工智能、物联网、大数据分析等先进技术，实现了餐饮服务的智能化和个性化。智慧餐饮系统能够根据游客的喜好、饮食习惯和营养需求，提供个性化的餐饮推荐和定制服务。系统还可以实时监测食材库存和餐饮环境，确保食品安全和环境卫生。通过智能点餐和支付系统，游客可以方便快捷地完成订单和支付，减少等待时间。智慧餐饮系统还可以与其他信息系统进行集成，如景区管理系统、旅游信息网络发布系统等，实现数据的共享和互通。例如，系统可以根据景区内的客流量和游客分布情况，合理调配餐饮资源和服务人员，确保游客在用餐高峰期间也能够享受到优质的服务。通过收集和分析游客的消费数据和反馈意见，智慧餐饮系统还可以为餐饮企业提供市场趋势预测和营销策略建议。企业可以根据系统提供的数据报告，调整菜品结构和服务方式，提升游客满意度和忠诚度。

7.2.4 景区视频监控系统

实时监控景区内各个角落，确保游客和景区的安全，方便管理人员进行日常巡查。智慧旅游的景区视频监控系统是提升旅游景区安全与管理效率的重要工具。这一系统集高清视频监控、数据分析、云存储等技术于一体，实现了对景区的实时监控与智能管理，为游客提供了更安全、便捷的旅游体验。系统采用高分辨率的摄像头，能够 24 小时不间断地监控景区的各个角落，包括人流密集区域、重要景点、交通要道等。通过实时视频流传输，管理人员可以迅速了解景区内的实时情况，及时响应各类事件，有效预防和减少紧急情况的发生。视频监控系统还具备智能分析功能，如人脸识别和行为分析等，能够帮助管理人员识别可疑行为或人员，提前预警，确保景区安全。系统还能自动对视频数据进行存储和备份，便于事后查询和证据保全。景区视频监控系统可以与警务系统、消防系统等其他安全管理系统集成，形成一个综合的应急管理网络。在突发事件发生时，各系统能够快速联动，协同应对，有效控制事态，保护游客及景区资源安全。

7.2.5 智能分析系统

智慧旅游的智能分析系统是现代旅游业的重要技术支撑，它通过大数据、云计算等先进技术对旅游相关数据进行深入挖掘和分析，为旅游行业的决策提供科学依据。

数据收集与整合：智能分析系统首先能够全面收集并整合来自各个渠道的旅游数据，包括游客行为数据、销售数据、市场反馈等，形成庞大的数据仓库。

游客行为分析：通过对游客在旅游过程中的行为数据进行分析，如游览路径、消费习惯、停留时间等，系统可以揭示游客的偏好和需求，为旅游产品和服务的优化提供指导。

市场趋势预测：基于历史数据和当前市场动态，智能分析系统能够预测未来旅游市场的趋势和热点，帮助旅游企业及时调整战略，抓住市场机遇。

营销效果评估：系统可以对旅游营销活动的效果进行量化评估，包括广告投放效果、促销活动响应率等，为后续的营销策略提供数据支持。

7.2.6 智能预警系统

智慧旅游的智能预警系统是一项重要的安全保障工具，利用传感技术、数据分析技术和网络通信技术，实时监测旅游景区的情况和游客行为，预测可能的问题并采取措施。

实时监控与数据分析：智能预警系统通过高清摄像头、红外传感器等设备，对景区内的人流、车流、物流进行实时监控，并利用大数据技术对游客行为进行分析，识别潜在的安全隐患。

异常行为识别与预警：系统能够自动识别异常行为和危险情况，如游客拥堵、火灾、盗窃等，并通过图像识别、行为分析等技术及时发出预警信号，以便景区管理人员迅速采取措施。

精准定位与报警：当游客遇到紧急情况时，智能预警系统能够迅速定位游客位置，并通过紧急呼叫装置向安全人员发送求救信号，提供准确的位置信息，以便及时展开救援行动。

智能预警预防：系统还能通过数据分析和模型预测，识别出可能导致安全事故的因素和潜在风险点，提前发出预警，帮助景区管理人员提前排除安全隐患，保障游客的安全。

7.2.7 电子门票系统

智慧旅游的电子门票系统是智慧旅游建设中的重要组成部分，它借助现代信息技术，为游客和管理者提供了诸多便利，支持在线购票、二维码或IC卡入园，提高入园效率，减少窗口排队购票时间。

便捷预订与购买：游客可以通过电子门票系统在线预订并购买门票，无需到现场排队购票，节省了时间，提高了购票效率。

快速检票入场：电子门票采用RFID射频识别技术，游客在入园时，只需将电子门票在检票设备上一刷，即可实现快速检票入场，大大减少了人工检票的烦琐和时间成本。

实时数据统计：系统能够实时统计游客的入园情况，包括游客数量、入园时间等信息，为景区管理者提供数据支持，有助于他们更好地了解游客的流动情况和景区的运营状况。

防止假票和黄牛票：电子门票系统通过先进的技术手段，可以有效防止假票和黄牛票的出现，保障游客和景区的权益。

7.2.8 景区大数据分析系统

智慧旅游的景区大数据分析系统为景区管理提供了全面、精准的数据支持，为景区提供决策支持，优化资源配置，提升服务质量。

数据采集与整合：系统能够自动收集并整合来自景区内外的各类数据，如游客流量、游客来源、消费习惯等，为后续分析提供丰富的数据源。

数据清洗与存储：对采集到的数据进行清洗、过滤和预处理，确保数据的准确性和可靠性，同时采用高效的数据库技术存储数据，保障数据的安全性和可靠性。

深入数据分析：运用大数据技术和分析方法，对整合后的数据进行深入挖掘和分析，发现潜在的规律和趋势，为景区管理者提供决策依据和市场洞察。

可视化展示：将分析结果以图表、报表等形式进行可视化展示，使景区管理人员和决策者能够直观理解数据分析结果，便于作出科学决策。

决策支持：基于数据分析结果，系统能够为景区管理者提供决策支持，帮助其更好地应对市场变化、提升游客体验和满意度，实现景区的可持续发展。

7.2.9 旅游资源管理系统

智慧旅游的旅游资源管理系统是旅游业数字化转型的重要组成部分，该系统用于管理和维护旅游景区、景点、酒店、餐饮等旅游资源的信息和数据，包括景区资源管理、酒店预订管理、门票管理、餐饮管理等子系统，使旅游资源可以更加高效地整合和利用。

资源整合与展示：系统能够整合各类旅游资源，包括景点、酒店、餐饮、交通等，并通过直观、便捷的方式展示给游客，帮助游客全面了解旅游目的地的信息。

实时数据更新：系统支持实时更新旅游资源信息，如景点开放时间、门票价格、酒店房态等，确保游客获取到最准确、最新的旅游信息。

智能推荐与优化：基于游客的偏好和行为数据，系统能够智能推荐合适的旅游资源，如景点、线路、酒店等，同时根据游客反馈不断优化推荐算法，提升推荐的准确性。

预订与支付：系统提供便捷的在线预订功能，支持多种支付方式，方便游客快速完成预订过程，同时保障交易安全。

数据统计与分析：系统能够统计和分析旅游资源的使用情况、游客满意度等数据，为旅游企业提供决策支持，帮助优化旅游资源的配置和运营。